A confiança em si
— Uma filosofia —

CHARLES PÉPIN

A conf!ança em si
— Uma filosofia —

Tradução
Luciano Vieira Machado

Estação Liberdade

Título original: *La Confiance en soi: Une philosophie*
© Allary Éditions, 2018
© Editora Estação Liberdade, 2021, para esta tradução
Publicado mediante acordo com a Allary Éditions, juntamente com seus agentes devidamente nomeados, 2 Seas Literary Agency e Villas-Boas & Moss Agency.

PREPARAÇÃO Beatriz de Freitas Moreira
REVISÃO Fábio Fujita
EDITORA ASSISTENTE Caroline Fernandes
SUPERVISÃO EDITORIAL Letícia Howes
EDIÇÃO DE ARTE Miguel Simon
EDITOR Angel Bojadsen

CIP-BRASIL. CATALOGAÇÃO NA PUBLICAÇÃO
SINDICATO NACIONAL DOS EDITORES DE LIVROS, RJ

P478c

Pépin, Charles, 1973-
A confiança em si : uma filosofia / Charles Pépin ; tradução Luciano Vieira Machado. - 1. ed. - São Paulo : Estação Liberdade, 2021.
160 p. ; 21 cm.

Tradução de: La confiance en soi : une philosophie
Inclui bibliografia e índice
ISBN 978-65-86068-00-9

1. Autoconfiança. 2. Confiança (Psicologia). 3. Autorrealização. I. Machado, Luciano Vieira. II. Título.

21-69513   CDD: 158.1
             CDU: 159.942.52

Camila Donis Hartmann - Bibliotecária - CRB-7/6472
12/01/2018   12/01/2018

Todos os direitos reservados à Editora Estação Liberdade. Nenhuma parte da obra pode ser reproduzida, adaptada, multiplicada ou divulgada de nenhuma forma (em particular por meios de reprografia ou processos digitais) sem autorização expressa da editora, e em virtude da legislação em vigor.

Esta publicação segue as normas do Acordo Ortográfico da Língua Portuguesa, Decreto nº 6.583, de 29 de setembro de 2008.

EDITORA ESTAÇÃO LIBERDADE LTDA.
Rua Dona Elisa, 116 | Barra Funda
01155-030 São Paulo – SP | Tel.: (11) 3660 3180
www.estacaoliberdade.com.br

Sumário

Introdução — 11

1. Cultive os bons vínculos — 17
   A confiança relacional

2. Exercite-se — 31
   Prática da confiança

3. Ouça a própria voz — 49
   Confie na sua intuição

4. Maravilhe-se — 61
   Quando a beleza nos torna confiantes

5. Decida — 71
   A confiança na dúvida

6. Ponha a mão na massa — 81
   Fazer para ter confiança em si

7. Passe à ação — 91
   Agir para ganhar confiança

8. Admire — 101
   Confiança e exemplaridade

9. Mantenha-se fiel ao seu desejo — 111
   O antídoto à crise de confiança

10. Confie no mistério — 119
    A confiança na vida

Conclusão — 137

Livros que fizeram este livro — 141

Índice onomástico — 155

Para Victoria, Marcel e Georgia.
Porque basta olhar para vocês para ter confiança.
Em mim. Na vida. E, sobretudo, em vocês.

Introdução

Hoje de manhã retiraram as rodinhas. Do alto de seus quatro anos, ela monta em sua bicicleta e se põe a pedalar sob o sol. O pai corre ao seu lado, uma mão às suas costas, a outra no selim. Ela pedala cada vez mais rápido, agarrada ao guidom. O pai a incentiva: "Não pare de pedalar", "olhe para a frente", "muito bem"! Ele solta a sela. A menina ganha velocidade. Ela está bem equilibrada, anda sem a ajuda do pai. Quando se dá conta disso, grita de alegria e acelera ainda mais. Ela se sente livre, leve: tem confiança.

Mas em que, exatamente?

Em suas capacidades? Em seu pai? Nesse momento de felicidade familiar?

A confiança em si, a gente intui, deriva de uma alquimia. Resulta de uma combinação de vários fatores. Diversos são os caminhos que levam a ela. Uma vez adquirida, porém, ela nos serve de apoio da mesma maneira. A confiança em si é uma só, mas há várias maneiras de conquistá-la.

Madonna é um verdadeiro fenômeno no palco, uma artista que soube se reinventar a vida toda. Não obstante, foi uma criança tímida, mortificada pela perda da mãe aos cinco anos de idade. Onde teria ela, então, encontrado forças para se afirmar?

Patrick Edlinger é um dos pioneiros da escalada livre. Quando fazia escalada solo, seus gestos eram tão fluidos que ele parecia dançar sobre o vazio. Ele passava de uma saliência a outra com uma graça que beirava a loucura. Sem tremer. Qual era seu segredo?

Um piloto aterrissa à noite, quase às cegas, a 250 km/h, na pista curtíssima de um porta-aviões. O que ele faz para não sentir medo?

Em meio ao trânsito, no caos provocado por um acidente, o médico socorrista tem de identificar imediatamente os feridos, e os que devem ser atendidos com prioridade. Como ele faz para não se enganar?

E os músicos que improvisam diante de multidões? Os tenistas que não tremem diante de um *match point*? Os estudantes que se mostram em sua melhor forma no dia do concurso? Todos esses homens e mulheres que ousam escutar a voz interior e tomar sua própria vida nas mãos — onde eles vão buscar a confiança que têm em si mesmos? O que têm em comum?

Essa menina na bicicleta pode nos servir de guia. Sua confiança provém de três fontes.

Primeiro, do pai. Ela não se lança sozinha, mas com ele, graças a ele. A confiança em si é uma confiança no outro.

Em seguida, de suas capacidades. Ela internalizou os conselhos de seu pai sobre como pedalar, segurar o guidom. Adquiriu uma competência sem a qual nada seria possível. A confiança em si é uma confiança nas próprias capacidades.

Mas não é só isso. A alegria de que é tomada quando ganha velocidade vai além da simples satisfação de saber andar de bicicleta. É uma alegria mais completa, mais profunda, uma alegria que é como um agradecimento à vida. A confiança em si é uma confiança na vida.

Sempre haveremos de encontrar, em graus diversos e sob diferentes formas, essas três molas propulsoras da autoconfiança: a confiança no outro, a confiança nas próprias capacidades e a confiança na vida. De resto, tudo talvez derive daí: é preciso lançar-se com o destemor de uma criança, ter confiança sem mesmo saber em quê.

"A confiança é a capacidade infantil de ir para o desconhecido como se o conhecesse", escreveu lindamente Christian Bobin. Nós, agora, temos uma consciência que não tínhamos, em criança, dos riscos e perigos quando nos aventuramos, pela primeira vez, em uma bicicleta. Estamos ansiosos porque somos lúcidos. Mas essa lucidez não deve diminuir a nossa audácia, nossa capacidade de seguir adiante. Ter autoconfiança é guardar o coração de criança, a alma de criança, em um espírito de adulto.

Nossa época nos obriga a isso. Nas sociedades tradicionais, cada um tinha seu lugar. Não há necessidade de confiança em si quando o nascimento decide tudo, quando não há nada a conquistar. Inversamente, a modernidade faz de nós seres livres, responsáveis pelo nosso destino. Doravante, cabe a nós desenvolvermos nossos projetos, provarmos nosso valor e construir nossa felicidade: cabe a nós inventarmos a nossa vida. Isso pressupõe autoconfiança.

Não obstante, isso nunca foi tão complicado. Nunca foi tão importante ter confiança em si, nem tão difícil construir essa confiança. Consertar o motor do carro ou fabricar uma escada pode curar um coração ferido. Alimentar a família usando legumes somente de sua própria horta pode satisfazer o coração de um homem. Passar dia após dia em reuniões ou responder a mensagens de e-mail não tem essa virtude. Nós perdemos o contato imediato com as coisas. Nossos sistemas de produção são tão sofisticados que não sabemos mais o que fazemos. Nós respeitamos *processes*, mas não saberíamos dizer qual é o nosso ofício. Em nossa existência ultraconectada, mas tão distanciada do "fazer" mais elementar, carecemos de ocasiões concretas para encontrar confiança. Temos de descobrir a base sobre a qual construir nossa confiança.

As trajetórias de Madonna, Patrick Edlinger, George Sand, John Lennon, Serena Williams e outros vão nos ensinar: as pessoas não nascem confiantes, elas se tornam confiantes. A confiança em si é uma conquista paciente, difícil. Às vezes, quando nosso virtuosismo alcança uma forma de abandono, ele nos proporciona uma profunda alegria.

Para elucidar o mistério da confiança em si, nós nos voltaremos para a sabedoria antiga e para filósofos modernos como Emerson, Nietzsche e Bergson. Pensadores que, muitas vezes, abordam esse tema de forma indireta: é pensando sobre a liberdade, a audácia ou a singularidade que eles nos falam de confiança. Por isso, teremos de buscar também outras fontes: psicólogos como Boris Cyrulnik ou psicanalistas como Jacques Lacan, trabalhos de pesquisadores ou pedagogos, a experiência dos esportistas, pilotos de guerra ou médicos socorristas, as palavras dos poetas ou as visões dos grandes místicos.

A confiança em si é uma questão tão importante em nossas existências que não pode ser objeto de uma única disciplina.

Para compreender sua força, não se deve estudá-la em um laboratório, mas observá-la na vida concreta, vê-la nascer e crescer, acompanhar seu ritmo e seguir seus movimentos, suas hesitações, suas guinadas, correr ao seu lado como se acompanha uma criança que por pouco não cai, depois recupera o equilíbrio e finalmente deslancha.

1 Cultive os bons vínculos
A confiança relacional

A delicadeza é invencível.

MARCO AURÉLIO

A princípio, a confiança em si vem dos outros. Essa afirmação pode parecer paradoxal. Não é. O recém-nascido é infinitamente frágil, dependente. Nos primeiros meses, ele não pode viver sozinho. O simples fato de sobreviver é a prova de que foi cuidado por outros seres humanos. No recém-nascido, a confiança é, a princípio, a confiança em seus cuidadores: a confiança em si é, primeiramente, a confiança no outro.

É pelo fato de nascermos prematuros que precisamos tanto dos outros. De acordo com os embriologistas, seriam necessários cerca de vinte meses para as células chegarem à maturidade. Aristóteles já o tinha observado: nós nascemos inacabados. É como se a natureza tivesse entrado em pane, deixado de terminar seu trabalho, lançando-nos cedo demais em nossa existência, mais fracos e desprovidos de recursos que qualquer outro mamífero. Nós nascemos sem saber andar e levamos, em média, um ano para aprender, ao passo que um potro precisa apenas de algumas horas, ou às vezes alguns minutos, para começar a saltar. Como se poderia, assim, ter confiança em si?

Então nós compensamos essa deficiência natural com a cultura: com a família, a ajuda mútua, a educação. Graças à nossa arte da relação humana, podemos completar o trabalho que a natureza deixou inacabado e ganhar a confiança que a natureza não nos deu.

Pouco a pouco, a criança adquire a confiança em si, graças a esses laços desenvolvidos com os outros, aos cuidados que lhe são prodigalizados, à atenção e ao amor incondicional de que é objeto. A criancinha sabe que esse amor não é condicionado pelo que ela faz ou consegue: ela é amada por aquilo que é e não pelo que faz. Eis a base mais sólida da confiança que, mais tarde, terá em si mesma. Ter sido amado ou visto assim nos dá força para toda a vida.

A conquista da confiança em si começa, pois, pela luta contra o que Freud chamou de desamparo infantil. Se o adolescente deseja partir para a descoberta do vasto mundo, se o adulto é confiante e consegue realizar os seus planos, é primeiro porque eles tiveram a chance de encontrar, nos primeiros anos de vida, naquilo que Boris Cyrulnik chama de "interações precoces", essa "segurança interior" cuja importância é ressaltada pelos psicólogos.

Diferentemente da autoestima, que remete à avaliação que fazemos de nosso valor, a confiança em si relaciona-se com a ação, com nossa capacidade de "seguir em frente" apesar das dúvidas, de nos arriscar em um mundo complexo. Para encontrarmos a coragem de nos aventurar no mundo exterior, carecemos de uma "segurança interior".

Em seu texto magistral sobre "a fase do espelho", Jacques Lacan descreve os primeiros instantes da autoconsciência da criança. Com a idade de alguns meses — entre seis e dezoito, em média —, ela já se reconhece no espelho. Mas o que é que se passa, exatamente, na primeira vez? A criança está nos braços de um adulto que a apresenta ao espelho. Mal ela julga se reconhecer, volta-se para o adulto e o interroga com o olhar: esse sou eu? Sou eu mesmo? O adulto lhe responde com um sorriso, com um olhar ou com algumas palavras. Ele a *tranquiliza*: sim, é você mesmo. As implicações filosóficas dessa primeira vez são imensas: entre mim e mim mesmo, o outro está presente desde o começo. Eu só tenho consciência de mim por meio dele. A criança só confia no que vê no espelho porque confia no outro. É nos olhos dos outros que ela busca essa segurança interior, é nos olhos dos outros que ela se busca.

A mesma experiência foi realizada com macacos, esses animais geneticamente tão próximos de nós. Ela revela sua inteligência: logo eles vão usar o espelho para observar partes de seu corpo que, de outro modo, não poderiam ver, como suas costas ou suas nádegas. Diante do espelho, porém, eles não se voltam para os outros macacos presentes na mesma sala: eles não interrogam seus congêneres com o olhar. É verdade que os macacos são seres sociais, aprendem muito com os outros. Contudo, para se desenvolverem, não dependem, como nós, das relações que mantêm entre si. Eles não são seres sociais na mesma medida em que o somos. Sem os outros, não poderíamos desenvolver nossa humanidade: sem os outros, não poderíamos nos tornar o que somos.

Tomemos o caso de crianças selvagens, crianças abandonadas ao nascerem, adotadas por animais (ursos, lobos, porcos…), em meio aos quais elas crescem, e são encontradas anos depois. Como mostra o filme de François Truffaut, *L'Enfant sauvage* [O garoto selvagem], a falta de contatos humanos bloqueou-lhes o desenvolvimento. Amedrontadas como animais caçados, incapazes de aprender a falar, elas parecem perdidas para a humanidade. Na melhor das hipóteses, com paciência, com brandura, os profissionais que cuidam dessas crianças conseguem alguns laços frágeis e lhes dão a possibilidade de fazer algum progresso. Mas elas só conseguem desenvolver uma forma de autoconfiança muito precária, que não resistirá à mínima contrariedade. Na perspectiva da psicologia moderna, essas crianças selvagens sofrem a falta de "ligação" com a humanidade. Em tenra idade, essas crianças não tiveram "ligação" com outros seres humanos que as teriam protegido, falando com elas e dispensando-lhes cuidados. Privadas da "segurança interior" propiciada por essa ligação, é-lhes então impossível encontrar essa confiança mínima graças à qual o mundo e os outros poderiam não lhes parecer hostis.

Segundo psiquiatras como John Bowlby ou Boris Cyrulnik, se um garotinho de dois anos é capaz de dizer bom-dia a um desconhecido que entra em sua casa, sorrir, aproximar-se dele para lhe falar ou tocá-lo, é porque tem segurança interior bastante para encarar essa novidade. As figuras humanas de suas relações deram a ele a confiança que lhe permite distanciar-se delas e aproximar-se do desconhecido.

Uma educação é bem-sucedida quando os "alunos" não precisam mais de seus professores, quando têm confiança suficiente para suportar o distanciamento daqueles ou daquelas que os educaram. Aproximando-se do desconhecido, o garotinho já começa a levantar voo. Os outros lhe deram confiança, agora é sua vez de passar à ação e se mostrar digno dela. Para tomar impulso, ele se apoia no amor, na atenção que recebe de sua família, de todos que o criam.

Os primeiros anos são, pois, decisivos, mas felizmente em qualquer idade podemos travar relações que nos dão confiança. Se não tivemos a sorte de ser crianças com um ambiente afetivo que inspirasse confiança, nunca é tarde demais para desenvolver os laços que nos faltaram. Mas isso supõe uma consciência dessa falta e da necessidade de compensá-la.

Madonna Louise Ciccone foi uma criança tímida, que carecia de autoconfiança. Aos cinco anos de idade, ela perde a mãe, que tinha um câncer no seio, e não se conforma com o fato de o pai logo ter outros filhos com uma nova mulher. Sente que é muito difícil encontrar seu lugar nesse espaço familiar. Desde bem pequena, ela pratica piano e dança clássica, mas com a sensação de não ter muito talento, de ser apenas "esforçada". Somente na adolescência, quando sua madrasta a matriculou em uma escola católica de Detroit, ela encontrou Christopher Flynn, um professor de dança que haveria de mudar sua vida. Por ocasião da preparação do balé de fim de ano, ele lhe disse o que nunca lhe tinham dito, ou pelo menos não com estas palavras: que é bela, talentosa e tem um tremendo carisma. Anos depois, Madonna explicou que essas poucas palavras mudaram sua vida. Antes, ela não acreditava em si mesma. Agora, se vê como bailarina em Nova York; essa experiência é, para ela, um novo nascimento. No espetáculo de fim de ano, ela surpreende a todos, e seu professor principalmente, dançando com uma energia incrível... e seminua! Madonna nasceu. Antes de Christopher Flynn, ela tivera outros professores de piano e de dança. Eles lhe ensinaram muitas coisas, técnicas, métodos... Mas nenhum lhe dera o presente da confiança.

Lembro-me de um concerto de Madonna em Nice. Eu ainda não tinha dezoito anos e fiquei fascinado com sua força cênica, sua maneira de cantar e de dançar, sua liberdade. Lembro-me do que vi no telão quando ela cantou "Like a Prayer". Lembro-me das gotas de suor que lhe caíam nos olhos. De seu olhar, de seu sorriso que parecia expressar uma imensa gratidão. Madonna, claro, é competente e experiente. A mulher que se desloca pelo palco em todos os sentidos já acumula anos de apresentações. Mas o carisma não se limita jamais à competência. Há algo a mais, que faz a graça do ser carismático. Ela busca sua verdade nos olhos dos outros, não para nunca de se reinventar nessa relação. À época, eu não compreendia muito bem o que estava vendo no telão. Agora, quando evoco o sorriso permanente de Madonna, tenho a impressão de que ela encontrava no público, nos outros, na energia deles, talvez mesmo em seu amor, aquela confiança que descobriu nos olhos de seu professor de dança.

Madonna não teve uma infância que lhe propiciasse confiança, mas depois encontrou uma compensação.

Se tivermos tido a sorte de gozar, desde a mais tenra infância, do calor dessas relações que dão segurança, esses encontros que dão confiança não serão menos importantes. Mas serão vividos de outra maneira: eles nos farão reviver, em momentos decisivos, a dádiva da confiança relacional descoberta na manhã de nossa vida.

Yannick Noah foi amado pelos pais, Zacharie e Marie-Claire. Eles se amavam muito e acolheram e amaram o pequeno Yannick. Este tinha onze anos de idade quando conheceu o tenista Arthur Ashe, que, à época, ocupava o quarto lugar no ranking mundial, por ocasião de uma de suas turnês na África e de sua passagem em Iaundé, na República dos Camarões. Ele teve a oportunidade de rebater algumas bolas com o campeão. Surpreendido com a qualidade de jogo do menino, Arthur Ashe lhe deu sua raquete ao fim da partida. No dia seguinte, quando se preparava para tomar o avião, ele viu o garoto irromper, ofegante, no hall do aeroporto, tendo nas mãos um pôster do campeão. Yannick Noah lhe pediu que o assinasse. Arthur Ashe não se limitou a dar o autógrafo; escreveu: "Vá a Wimbledon!" Como o próprio Yannick haveria de contar alguns anos depois após sua vitória em Roland Garros, essas poucas palavras foram o mais belo dos presentes. Elas o eletrizaram e o acompanharam todo o tempo. Permitiram-lhe acreditar em sua estrela, ajudaram-no a se tornar um tenista do nível de Arthur Ashe.

Com Madonna ou Noah, observa-se que a autoconfiança, às vezes, não exige mais que algumas palavras muito sinceras de um professor ou de um amigo. Palavras vindas do coração, que bastam para dar confiança para toda a vida.

Outra pessoa pode também nos dar confiança sem grandes discursos nem palavras de incentivo, simplesmente nos confiando uma missão...

Depois de uma palestra que dei em uma empresa sobre "o mistério da confiança", uma mulher me falou da crise de confiança que acabava de atravessar ao voltar da licença-maternidade, e principalmente da forma como conseguiu superá-la. Mortificada por ter de deixar seu filho e sentindo-se fragilizada, começou a duvidar da própria capacidade de se mostrar à altura do cargo que ocupa. Poucos dias depois de sua volta, seu superior hierárquico a convocou. Ela esperava o pior. Qual não foi a sua surpresa ao ser indicada para uma missão da mais alta importância. Nunca lhe haviam confiado tamanha responsabilidade. Ele recobrou imediatamente a autoconfiança.

Aristóteles tinha uma definição bastante original e muito precisa da amizade. Um amigo, para o autor da *Ética a Nicômaco*, é alguém que nos torna melhores. Em contato com ele, nós progredimos, tornamo-nos mais inteligentes ou mais sensíveis, abrimo-nos para dimensões do mundo ou de nós mesmos que antes não conhecíamos. O amigo, explica Aristóteles, é aquele que nos permite "realizar nossas potencialidades": graças a ele, ou mais precisamente graças à relação que temos com ele, desenvolvemos de fato, "em ato", talentos que nos eram apenas "potenciais". A relação de amizade é, pois, a possibilidade de nosso desenvolvimento. O amigo não tem necessidade de estar animado de uma generosidade pura ou de escutar nossas queixas durante horas. Se a relação que temos com ele nos favorece, é benigna para nós, para nosso talento, se ela nos permite progredir, então ele é nosso amigo: amigo da vida em nós. Entendendo as coisas nesses termos, nosso professor de piano, de dança ou de desenho, o campeão que cruzou nosso caminho ou nosso superior hierárquico podem ser nossos amigos, desde que, bem entendido, eles nos deem a chance de nos desenvolvermos, de progredirmos.

Quando temos aulas com um professor de artes marciais, um treinador esportivo, um professor de ioga — possíveis amigos, segundo Aristóteles —, adquirimos autoconfiança, e não apenas porque adquirimos competências. Sensíveis à atenção e à benevolência de um outro, acompanhados por alguém que nos quer bem, encontramos nossa verdade de seres relacionais. Assim, não é tanto nosso professor de piano ou nosso mestre de artes marciais que nos dão confiança, mas a relação que temos com eles. Essa relação se dá por meio de encontros regulares que cadenciam nosso progresso. A cada vez, sentimos sua satisfação em nos ver melhorar, sua capacidade de nos motivar, de nos apoiar quando encontramos dificuldades. Pouco a pouco, a confiança deles se torna a nossa: é o próprio movimento da confiança, e a maneira propriamente humana de aprender.

Um bom professor nos dá autoconfiança fazendo-nos repetir os gestos certos, praticar escalas. Depois ele nos convida a passar à ação: ele tem confiança em nós. Quando alguém deposita confiança em nós, esses dois movimentos estão sempre combinados.

Enquanto trabalhava neste livro, conheci um alpinista muito singular, Érik Decamp. Esse engenheiro politécnico galgou os picos mais altos do mundo, como o monte Ganesh IV, no Himalaia, e o cume Shishapangma, do Tibete, com sua esposa, a famosa alpinista Catherine Destivelle. Mas ele é também guia da alta montanha, isto é, um profissional da confiança em si: para exercer esse *métier*, é preciso necessariamente ter confiança em si e saber dar confiança àqueles a quem guia. Para libertar alguém de seu medo, Decamp usa uma estratégia que parece arriscada, mas que, muitas vezes, revela-se eficaz: quando um participante se mostra especialmente ansioso em toda a fase de preparação e de treinamento que precede a partida, Decamp termina por escolhê-lo para ficar na dianteira dos ascensionistas, e isso é o bastante para livrá-lo de sua ansiedade. Como o guia mostra confiança nele, ele de repente se descobre mais forte. Como fez com outros participantes, Decamp infundiu-lhe confiança com seus conselhos, suas explicações, repetição dos gestos e das instruções. Depois, depositou confiança nele, dizendo que fosse na frente. Na dianteira do grupo de alpinistas, ele vai então se empenhar em corresponder àquela confiança.

Esse é o ponto central da pedagogia desenvolvida por Maria Montessori, baseada na benevolência e na confiança, que atualmente goza de um reconhecimento cada vez maior. "Nunca ajude uma criança a fazer uma tarefa que ela se sente capaz de fazer", repetia o tempo todo essa médica e pedagoga italiana. Em outras palavras: sempre que possível, demonstre confiança nela. Isso não quer dizer fazer as coisas no lugar dela. Nós compreendemos melhor por que nossos filhos ficam aborrecidos quando, a pretexto de lhes indicarmos como se faz, mas na verdade muitas vezes apenas para agilizarmos, fazemos em lugar deles o que podem muito bem fazer sozinhos. Eles têm razão em se aborrecer: não nos mostramos confiantes neles.

Todo pai, todo professor, todo amigo no sentido aristotélico do termo deveria ter sempre em mente esta dupla maneira de dar confiança: primeiro incutir confiança, depois confiar. Primeiro dar segurança, depois "privar um pouco da segurança". Precisamos dos dois para ousar nos aventurar no mundo. Muitas vezes, essas duas dimensões se misturam no olhar que os outros lançam sobre nós: percebendo a confiança em seus olhos, sentimo-nos mais fortes.

Com frequência, testemunho isso, enquanto professor de filosofia ou conferencista. Deixando-me levar pela onda das palavras, pela sucessão das digressões, acontece-me de perder o fio da meada e me encontrar à beira de uma crise de confiança. O simples fato de ver interesse, curiosidade, nos olhos dos alunos ou do público, no mais das vezes faz com que eu retome o controle da situação. Acontece-me também de achar obscuro um texto filosófico que acabo de distribuir aos meus alunos. No momento em que eu sinto, pelas perguntas que eles me fazem, a confiança que depositam em mim, o texto parece de repente se tornar mais claro. Érik Decamp me explicou que lhe acontece exatamente a mesma coisa: na hora de partir em expedição, a confiança que os outros depositam nele faz aumentar a sua própria. Não é de estranhar, seres relacionais que somos… Assim, nós dois somos como o alpinista amador que Decamp liberta, responsabilizando-o: ao sentirmos a confiança que depositam em nós, reencontramos "nossa" confiança. A confiança é o presente que os outros nos dão e que aceitamos de bom grado. Quando meus alunos me fazem uma pergunta difícil, eu os brindo com um presente análogo: asseguro-lhes que eles sabem a resposta. Demonstro confiança neles, e isso basta para que, na maioria das vezes, nos segundos seguintes, eles apresentem uma resposta interessante.

Muitas vezes, ouvimos dizer de alguns indivíduos, nas empresas, nas famílias, que eles não têm confiança em si, como se sua confiança fosse uma questão puramente individual… Mas se ninguém demonstrou confiança neles, se ninguém jamais teve confiança neles, não é de surpreender que sofram de ansiedade. Às vezes, causa estranheza o fato de não terem confiança em si, apesar de suas competências. Isso dá provas de que nos esquecemos de que somos seres relacionais, e não mônadas isoladas acumulando competências.

A psicanalista e escritora Anne Dufourmantelle, autora de *Puissance de la douceur* [Poder da doçura] e de *Éloge du risque* [Elogio do risco], que morreu de forma trágica em 2017 salvando crianças do afogamento, afirma categoricamente que "a falta de confiança em si não existe". Ouvindo seus pacientes, seus sofrimentos expressos em palavras no divã, ela vê em sua ansiedade, antes de tudo, falta de confiança *nos outros*, consequência desastrosa de uma infância destituída dessa tão preciosa segurança interior. Os egressos dessas infâncias infelizes careceram tanto de segurança e de pessoas próximas capazes de neles confiarem que não conseguem ganhar confiança em si mesmos. Portanto, quando Dufourmantelle afirma que "falta de confiança em si não existe", ela quer dizer que a ansiedade deriva da falta de confiança no outro. Confiança em si e confiança relacional designariam, pois, uma única e mesma coisa…

É isso que demonstra também o caso dos paranoicos: eles não têm confiança nem em si, nem nos outros. De tanto desconfiarem de tudo que vem dos outros — de seu meio, da mídia, do mundo em geral —, sofrem de "insegurança interior". Totalmente entregues à desconfiança generalizada, eles não encontram nenhum ponto de apoio para ganhar confiança em si.

É, pois, um mesmo movimento que nos ajudará a ganhar confiança em nós mesmos e confiar nos outros: saiamos de casa, travemos relações com pessoas diferentes e inspiradoras, escolhamos professores ou amigos que nos façam crescer, que nos despertem, nos revelem. Busquemos as relações que nos façam bem, que nos deem segurança e nos libertem. E não nos esqueçamos do garotinho de dois anos: ele se aproxima do convidado que acaba de entrar em sua casa. Ele vai ao encontro do desconhecido. Sente um pouco de medo, claro. Uma pessoa estranha apareceu em sua casa. Ainda assim, ele vai. Vai com seu medo. Tem tanta confiança em si quanto nesse desconhecido e nas pessoas que lhe são próximas. Essa confiança não é determinada nem geneticamente, nem biologicamente. Ela cresceu, pouco a pouco, na trama dos laços que o envolvem desde seu nascimento e que lhe deram segurança e o confortaram, como o fazem as toalhas com que envolvemos os recém-nascidos saídos do banho. Acontece até de esfregarmos seus corpinhos com certo vigor, como para lembrá-los que estamos ali, que cuidamos deles, que eles não estão sozinhos. Com isso, damos-lhes confiança.

É disso, principalmente, que eles precisam. Mais tarde, convidando-os a comer sozinhos ou a ensaiar os primeiros passos, nós lhes infundiremos confiança. Ninguém consegue, sozinho, ganhar confiança em si. A confiança em si é, inicialmente, uma questão de amor e de amizade.

2 Exercite-se
Prática da confiança

*Deem-me um ponto de apoio,
e com minha alavanca moverei o mundo.*

ARQUIMEDES

Adolescente, Madonna foi libertada de suas inibições pelas palavras de seu professor de dança. Mas ela já conhecia bem a dança, que praticava havia anos. Aliás, foi por ter percebido seus talentos de dançarina que ele lhe disse aquelas palavras tão fortes. Ressaltar a dimensão relacional da confiança em si não deve nos fazer esquecer sua dimensão de competência.

O pai de Serena e Venus Williams levou as filhas ao sucesso. Ele lhes deu confiança, da mais bela de todas as maneiras: repetiu que acreditava nelas, que elas superariam sua condição social por meio do tênis, sairiam da pobreza e se tornariam as melhores jogadoras do mundo. Mas ele não se contentou em infundir-lhes confiança. Ele as submeteu a um treinamento rigoroso desde que elas tiveram condição de segurar uma raquete. Os moradores de Compton, na Califórnia, ficavam fascinados com o espetáculo do treinamento das irmãs Williams: elas passavam a vida na quadra, com seu pai e uma cesta de bolas. Mesmo as gangues que se enfrentavam em Compton respeitavam as irmãs Williams e cuidavam para que ninguém perturbasse os treinos. O pai delas ensinou-lhes um tênis agressivo, com base em um saque poderoso e fortes tacadas de fundo de quadra. Um estilo de jogo ofensivo, em que se marcavam pontos em duas ou três tacadas, coisa que não existia no tênis feminino. Ele as fez praticar incessantemente as jogadas, em especial os saques, e Serena foi a primeira mulher a imprimir à bola, num saque, a velocidade de 200 km/h. De fato, elas se tornaram as melhores tenistas do mundo e chegaram, uma após a outra, a conquistar o primeiro lugar, em nível mundial, da WTA (Associação Feminina de Tênis). Serena Williams se tornou a melhor tenista de todos os tempos, com 39 títulos de Grand Slam, 23 deles individuais (mais que Steffi Graf), 12 em dupla com sua irmã mais velha. Em um desses torneios, ela estava grávida de dois meses! Em toda a história do tênis, foi a única a ganhar um torneio de Grand Slam defendendo um *match point* em uma final. E ela fez isso três vezes. É preciso ter uma tremenda confiança em si para não bambear, na final de um torneio importante, frente a um *match point* contra.

Essa confiança decorre da competência, que, por sua vez, deriva de um treino intensivo. Mas ela não se limita a isso. À força de repetir os mesmos gestos, eles se tornaram uma segunda natureza. A extrema competência termina por se confundir com a personalidade: no caso de Serena Williams, ela parece ter se metamorfoseado em confiança. Seria essa a regra geral?

Em um ensaio que se tornou sucesso mundial, *Fora de série: Outliers* (publicado em francês sob o título ridículo *Tous winners!* [Todos vencedores!]), Malcolm Gladwell, jornalista da *New Yorker*, argumenta contra a ideia da existência do talento inato e retoma, generalizando-a, a sedutora "teoria das dez mil horas", desenvolvida pelo psicólogo Anders Ericsson. Analisando a carreira de violonistas da Academia de Música de Berlim pertencentes a uma mesma geração, esse cientista se perguntou o que havia feito diferença entre todos esses músicos excelentes. O que diferenciava os melhores, que terminaram como primeiros violinos em orquestras prestigiosas ou solistas internacionais, dos muito bons, que se tornaram músicos profissionais, e dos demais, que fizeram carreira como simples professores. Ele formulou a todos a mesma pergunta: "Desde a primeira vez que teve um violino na mãos, durante quantas horas você tocou?" O resultado o surpreendeu. Aos 25 anos de idade, nenhum dos que haveriam de se tornar "simples" professores de violino tivera o instrumento em suas mãos por mais de quatro mil horas. Todos os que viriam a se tornar bons músicos profissionais tinham trabalhado seu instrumento por cerca de oito mil horas. Quanto aos melhores, futuras estrelas do violino, haviam todos ultrapassado dez mil horas de prática. Não houve uma única exceção. Em seguida, Anders Ericsson fez a mesma pesquisa com pianistas e obteve resultados semelhantes: os pianistas profissionais tinham atrás de si cerca de oito mil horas de prática, e os virtuoses, pelo menos dez mil. Ele não encontrou nenhum músico que se tenha tornado virtuose sem ter tido pelo menos dez mil horas de prática (o que corresponde a três horas por dia durante dez anos).

Aprecio muito os improvisos do saxofonista Sonny Rollins; eles me parecem a verdadeira personificação de uma confiança absoluta. Neles, Rollins enverada por caminhos nunca antes explorados, convida-nos a baladas celestiais e oníricas de uma tremenda liberdade. Há pouco tempo, deparei-me com uma entrevista em que ele confessa ter tocado saxofone, em certos períodos de sua vida, até dezessete horas por dia. Essa confiança, pois, foi conquistada laboriosamente. Ele precisou praticar escalas, dominar técnicas antes de chegar a essa liberdade de improvisação. Nos grandes artistas, pois, a confiança decorre primeiro ou, mais exatamente, sobretudo, de uma prática constante e mesmo obsessiva.

O resultado do estudo de Anders Ericsson, porém, não deve ser interpretado de modo simplista: nem todos haverão de se tornar virtuoses pelo fato de passar dez mil horas grudados em seu instrumento. É preciso que isso lhes dê prazer, que essa prática corresponda ao seu anseio, que sejam inclinados a ele de alguma forma e que sejam dez mil horas de atenção, de presença verdadeira à sua arte. Certamente há outros fatores que se devem levar em conta. Esse resultado, porém, é interessante porque, considerando diferentes estágios, ele nos dá uma imagem da maneira como a competência vai sendo pouco a pouco incorporada, para finalmente se tornar uma verdadeira confiança. Ao cabo de oito mil horas, minha competência é tal que posso me tornar um profissional. Depois de dez mil horas, posso ambicionar tornar-me um dos melhores do mundo na minha área. Com efeito, quando Serena Williams se tornou a número um das norte-americanas com menos de dez anos, ela tinha atrás de si dez mil horas de tênis…

Malcolm Gladwell fez do estudo de Anders Ericsson uma lei e também um best-seller um tanto demagógico: qualquer que seja o campo, bastaria praticar dez mil horas para alcançar um verdadeiro domínio de sua arte e plena confiança em si. Ele analisa minuciosamente inúmeros exemplos, de Mozart aos Beatles, e mostra que eles só se tornaram de fato excelentes depois de terem ultrapassado o limiar das dez mil horas. É verdade que Mozart conseguia decifrar uma partitura e tocá-la com perfeição antes mesmo de saber ler ou escrever. Que compunha desde os seis anos de idade. Mas sua primeira obra-prima, segundo Gladwell — o "Concerto para piano n. 9 em mi bemol maior,

K. 271", conhecido como "Jeunehomme" — foi composta em Salzburgo em 1777: Mozart tinha então 21 anos e dez mil horas de prática de composição.

Resgatando a história dos Beatles antes de seu tremendo sucesso nos Estados Unidos em 1964, Gladwell se compraz em contar as horas durante as quais John Lennon e Paul McCartney tocaram no palco. Gladwell conta que, em 1960, quando eles não passavam de um grupo de rock ginasiano, por sorte foram convidados para apresentar-se em um clube de Hamburgo em que teriam de tocar oito horas seguidas, às vezes até a noite toda. Nada a ver com os ensaios de Liverpool, que duravam no máximo uma hora, tocando sempre os mesmos trechos. Segundo Gladwell, foi nesse clube de Hamburgo que eles de fato tiveram a oportunidade de treinar e, assim, adquiriram confiança, principalmente em sua maneira de se apresentar no palco juntos. Todas aquelas horas lhes permitiram familiarizar-se com seus instrumentos, aumentar seu repertório, explorar as possibilidades de suas vozes, aprender a olhar o público, senti-lo e fazê-lo vibrar. Foi em Hamburgo que eles se tornaram um grande conjunto. Quando chegaram aos Estados Unidos em 1964, já tinham em seu ativo, segundo os divertidos cálculos de Gladwell, doze mil horas de palco, que lhes permitiram conquistar a América.

É evidente que a abordagem original de Anders Ericsson não é propriamente científica: sua teoria das dez mil horas para alcançar a excelência em qualquer que seja a prática não é passível de verificação nem de refutação. Quando Gladwell se baseia nos trabalhos do neurocientista Daniel Levitin para afirmar que as dez mil horas correspondem ao tempo de que o cérebro necessita para atingir a mestria em qualquer domínio, ele parece procurar em vão o respaldo científico de que carece. Há muitas razões para desconfiar de sua tese. Mas devo confessar que me senti parcialmente seduzido por ela. Lendo-a, compreende-se que, também entre os gênios, a confiança vem com o tempo, com a aquisição de uma competência progressivamente integrada, incorporada, que, por estágios, produz seus efeitos libertadores. Portanto, ela não é inata, mas, em grande parte, adquirida.

"O gênio", afirma Thomas Edison, "é 1% de inspiração e 99% de transpiração." Não devemos nos esquecer disso quando começarmos a duvidar de nós mesmos. Muitas vezes, nos momentos em que sentimos dificuldade em ganhar confiança, pensamos, mais ou menos implicitamente, não ter talento suficiente, quando na verdade o que nos falta é treino. Toda vez que a dúvida nos assalta, que temos medo de não chegar lá, faríamos melhor procurando recuperar a confiança pela prática e desenvolver nossa competência, em vez de invocar uma suposta falta de talento. O impressionante ensaio de Gladwell tem o mérito de nos lembrar disto: Mozart talvez seja um gênio inspirado, mas ele também batalhou muito. E o fez numa escala bem superior a de muitos músicos menos inspirados que ele. É nesse sentido que seu exemplo pode nos dar força.

Gladwell, porém, se interessa somente por uma confiança muito restrita, limitada à competência trabalhada durante dez mil horas. Ora, a verdadeira confiança em si tem um caráter mais abrangente: ela vai além do domínio de uma única prática, ainda que possa ser beneficiada por essa mestria.

Graças à sua competência tenística e a todos os êxitos obtidos, Serena Williams adquiriu uma confiança em si que não se limita às quadras de tênis. A partir daí, já não é mais simplesmente enquanto esportista de alto nível que ela toma a palavra, mas enquanto mulher, enquanto mãe, enquanto cidadã e feminista — uma palavra que, de resto, encontra grande audiência.

Em 2016, ela publicou uma carta aberta denunciando o sexismo no esporte, que resulta na persistência das desigualdades. Eis um excerto da carta:

> Tudo o que as pessoas apontavam como sendo uma desvantagem em mim — minha raça, meu sexo —, eu transformei em combustível para o meu sucesso. Nunca deixei que nada nem quem quer que fosse definissem a mim e ao meu potencial [...] As mulheres devem derrubar muitas barreiras em sua jornada para o sucesso. Uma delas é o fato de nos lembrarem o tempo todo que não somos homens, como se isso fosse um defeito. As pessoas dizem que sou "uma das melhores atletas do sexo feminino". Será que dizem de LeBron que ele é um dos melhores atletas do sexo masculino? Ou de Tiger Woods? Ou de Roger Federer? Por que não? Não devemos jamais deixar isso passar em branco. Deveríamos sempre ser julgadas pelas nossas realizações, não por nosso sexo.

Essa confiança é também um subproduto de sua competência. Exercitando-se durante todos aqueles anos, diariamente, golpeando a bola durante horas, ela não se preparou simplesmente para o tênis. Dia após dia, afirmou sua vontade, seu desejo, sua capacidade de vencer as resistências, os obstáculos. A confiança que manifesta a partir daí em suas corajosas tomadas de posição é fruto dessa experiência. Desenvolvendo sua competência no saque, no *forehand*, no revés, ela tomou consciência de sua força e de sua vontade de viver. Em uma quadra de tênis ou em outros lugares. Jogando tênis, ela se aproximou de sua verdade, indo buscar no fundo de si todas essas belas aptidões.

Desenvolvendo nossa experiência de uma prática, podemos, o que é muito bom, ganhar confiança em nós mesmos de forma geral. Nossa experiência, qualquer que seja ela, serve então de ponto de apoio. "Deem-me um ponto de apoio, e com minha alavanca moverei o mundo", teria dito Arquimedes. Visto que a confiança em si se revela em nossa relação com a ação, com nosso engajamento no mundo, tudo o que nos ancora no real pode lhe servir de base, de trampolim.

"Toda consciência é consciência de alguma coisa", escreveu o filósofo alemão Husserl. Com isso, ele quer dizer que temos consciência de nós mesmos na medida em que temos consciência de algo fora de nós. Por exemplo, tendo consciência do gosto do café em minha boca e da xícara que seguro com os dedos, tenho consciência de mim. Mas não tenho consciência de mim de forma pura, abstrata, imaterial.

O mesmo acontece com a autoconfiança: para sentir que temos confiança em nós mesmos, é preciso vivenciar primeiro a experiência de tal ou qual ação concreta. Parafraseando Husserl, poderíamos afirmar: toda autoconfiança é confiança em si mesmo realizando alguma coisa. Precisamos de experiências concretas, de competências certeiras e de sucessos reais para ganhar confiança em nós mesmos. Assim sendo, não hesitemos em comemorar nossos sucessos, por menores que sejam: eles são etapas no caminho da plena confiança em si. Nós os sentimos, aliás, quando parabenizamos nossos filhos: nós os convidamos, cada vez um pouco mais, a ganhar confiança neles mesmos.

Nós tivemos confiança em nossa capacidade de pôr um pé à frente do outro, de escrever com letras cursivas, de andar de bicicleta… Nós temos confiança em nossa capacidade de decifrar uma partitura, de nos orientar em uma cidade estrangeira, de entabular uma conversa, de exprimir nossa discordância, de expressar nossos desejos, de tomar a palavra em público…

E então, um dia, temos confiança em *nós* mesmos.

É o que eu chamaria de *salto* da confiança em si. Todas essas práticas são outros tantos caminhos que nos levam a esse salto e o tornam possível, outras tantas oportunidades de viver essa metamorfose. Inútil, de resto, querer precipitá-la: não é procurando insistentemente mais confiança em nós mesmos que vamos adquiri-la. É preciso praticar as escalas com paciência, e também com curiosidade. E, um dia, sem nem ao menos nos darmos conta, começar a improvisar.

Mas por que milagre determinada competência pode gerar uma real confiança? É verdade que existem habilidades que limitam, que nunca se transformam em confiança. Para uma Serena Williams, quantas jogadoras excelentes há, incapazes de afirmar-se em outros espaços que não a quadra de tênis? Os psicólogos apontam este problema: muitas vezes temos uma confiança demasiado setorizada, limitada a uma habilidade que conseguimos alcançar. Pior ainda, acontece por vezes de não termos uma verdadeira confiança em nós mesmos no campo que dominamos. Nós o dominamos, mas tremendo internamente. Como facilitar essa conversão da competência em confiança? Como contribuir para que a competência se transforme em confiança?

Em primeiro lugar, comprazendo-se no desenvolvimento da competência em questão. Observo isso diariamente em meus alunos: nada melhor que o prazer para desenvolver suas habilidades e aumentar sua confiança. Aqueles que sentem certa volúpia em enfronhar-se em uma problemática e em construir sua argumentação progridem bem mais rápido que aqueles que confundem trabalho sério com espírito sério. Os que são propensos a divertir-se se afastam de uma lógica estrita de competência e adquirem mais rápido confiança em si mesmos, e isso por uma razão simples: seu prazer lhes permite relativizar as coisas e descontrair-se. Caso se enganem, pelo menos terão se divertido. E, de resto, eles erram menos na medida em que encontram prazer em seu trabalho. Esse prazer é o sinal de que essa prática nos é conveniente, de que aprofundá-la só nos fará bem. É reconfortante saber que avançamos em um caminho que sabemos ser o nosso.

A competência, portanto, se transforma mais facilmente em confiança quando nos permite progredir no conhecimento que temos de nós mesmos, de nossos recursos e de nossas qualidades, do que nos agrada e do que nos desagrada… Não é possível nenhuma autoconfiança duradoura sem que trilhemos o caminho que nos é próprio. Aprendendo a jogar tênis, Serena Williams descobriu do que era capaz, quais eram suas forças e também suas fraquezas, que tipo de mulher ela era. Ela compreendeu que fazia parte daqueles que se revelam na adversidade.

Uma vez que a competência nos ensina sobre nós mesmos, não nos vemos confinados em uma estrita lógica de competência. Com efeito, tal confinamento não poderia nos libertar de nossas apreensões. Se acumulamos competência achando que poderemos, graças a ela, enfrentar todos os imprevistos, corremos o risco de nos ver mergulhados em uma crise de confiança quando eles surgem. A vida sabe muito bem frustrar nossas expectativas. Quando magnificamos nossa mestria, transformando-a no fantasma do controle total, estamos preparando infortúnios que nos farão perder a autoconfiança. É preciso, pois, desenvolver essa mestria tendo sempre em mente que não conseguiremos ter o controle de tudo, que as coisas nunca se repetem de forma exatamente igual.

"Nunca nos banhamos duas vezes no mesmo rio", lê-se em um fragmento de Heráclito. Ainda que sejamos muito competentes, a segunda vez nunca é a exata repetição da primeira. Por mais que um cirurgião tenha seus gestos, seus instrumentos e seu *timing* na ponta dos dedos, ele se vê, a cada vez, diante de um corpo diferente, no geral idêntico, mas na realidade singular, e, portanto, diferente. Sua competência deve permitir-lhe fazer face à novidade, ser bastante sedimentada para que ele saiba se adaptar a cada caso, a cada imprevisto. Por mais competente que Serena Williams fosse, a primeira vez que ela salvou um *match point* na final de um torneio de Grand Slam… foi uma primeira vez. E as duas vezes seguintes não foram reproduções exatas da primeira. Evidentemente, se o cirurgião ou Serena Williams tiveram condições de reagir da forma adequada, foi pelo fato de se apoiarem em suas competências. Eles executaram os gestos sobre os quais tinham perfeito domínio. Mas fizeram mais do que isso. Eles os executaram sem tremer, embora não se tratasse da simples repetição de um gesto mecânico. Foram capazes de inventividade, de adaptação, ainda que mínima, à situação, e foi isso que fez toda a diferença.

Em *Assim falou Zaratustra,* Nietzsche põe em cena um personagem grotesco, o "Consciencioso", para nos fazer ver a distinção entre a competência que limita e a experiência que liberta. Segundo Nietzsche, tudo depende do que temos "em nossas entranhas" quando buscamos ser competentes. Se nos guiamos apenas pelo "instinto do medo", se só buscamos a *expertise* por medo do desconhecido, nunca poderemos haurir dela uma verdadeira confiança. Seremos competentes, mas não confiantes, e nos assemelharemos a esse sinistro "Conscencioso". Uma espécie de *expert*, uma versão patética do pesquisador: ele sabe tudo, absolutamente tudo do cérebro da sanguessuga, mas sua hipercompetência o isola da vida, visto que, além disso, nada mais lhe interessa. Ela chegará até a matá-lo, em uma cena ubuesca[1] perpetrada pelo gênio cômico de Nietzsche. Se cair em um charco cheio de sanguessugas, o "Conscencioso" terminará exangue, devorado pelo próprio objeto de sua competência...

Felizmente podemos, fazendo o caminho inverso, nos voltar para a competência com aquilo que Nietzsche chama de "instinto da arte", essa forma de criatividade que ele contrapõe ao "instinto do medo". Para desenvolvermos a vida em nós, e não fugirmos dela. Para vivermos de forma mais plena e não precária. Claro que temos em nós os dois instintos: o do medo e o da arte. Toda vez que o instinto da arte supera a nossa covardia, toda vez que nossa criatividade leva a melhor sobre nossa timidez, facilitamos a metamorfose da competência em confiança.

Sigamos, pois, o conselho de Zaratustra: desenvolvamos nossas competências, mas com uma alma de artista, para tirar dela nosso elã, não para nos deixar limitar por elas. Que nossas competências nos dão segurança, não há dúvida, mas não devemos nos esquecer jamais da finalidade dessa segurança: sair de nossa zona de conforto e conseguir autoconfiança. Voltar-se

---

1. Ubuesco: relativo ao grotesco e cínico personagem Ubu, da peça *Ubu rei*, do dramaturgo francês Alfred Jarry (1873-1907). [N.T.]

para a competência com o objetivo único de adquirir segurança absoluta torna impossível uma verdadeira autoconfiança, por uma razão perfeitamente diagnosticada pelo psicólogo impiedoso que é Nietzsche. A vida é imprevisível, muitas vezes injusta e, no fundo, assaz inquietante: a menos que percamos a lucidez, nunca nos sentiremos totalmente seguros.

É preciso, pois, que nossa competência seja mais que uma capacidade de repetir o que já sabemos fazer. Ela deve se tornar o campo de desenvolvimento de nossa criatividade, a ocasião para uma verdadeira presença a nós mesmos. Essa mutação só é possível ao cabo de um processo lento: a mestria nos conduz, pouco a pouco, a uma aceitação de uma forma de "não mestria", de descontração. Graças a tudo o que aprendemos, experimentamos e incorporamos, nós nos permitimos, enfim, ter confiança.

Serena Williams se iniciou no tênis aos três anos de idade: quando ela se sentou no banco, seus pés não tocavam o chão. Ela aprendeu as jogadas de tênis, aprendeu a executá-las cada vez melhor até se tornar competentíssima. Mas quando, por três vezes, em uma final, teve de salvar o *match point*, ela o fez sem se abalar, pois não confiava apenas em suas jogadas: tinha confiança em si mesma. À força de treinamento, sua competência foi incorporada e se tornou como uma segunda natureza: o *salto* de que falávamos aconteceu, sua competência se metamorfoseou em confiança.

Em parte, esse salto é enigmático. Mas já sabemos de uma coisa: para ser capaz de efetuá-lo, é preciso ir buscá-lo regularmente na mestria, de modo a ousar novamente esse salto para a "não mestria", apoiar-se em sua zona de conforto para ser capaz de, em seguida, sair dela.

Imagine sua zona de conforto, de competência, como um círculo. Entre nele para se sentir bem acolhido. Depois, saia para explorar o vasto mundo. Em seguida, volte para o círculo para ganhar segurança. E assim sucessivamente. Recobre as energias em sua zona de conforto, para seguidamente sair dela. Dançando. Avançando. Ampliando, ao mesmo tempo, esse círculo de sua zona de conforto e o perímetro de suas explorações. No ritmo. Esse passo, essa valsa em dois tempos, deixa à mostra o movimento da confiança em si mesmo. Cabe a cada um se conhecer o bastante para saber com que frequência precisará haurir forças em sua zona de conforto. Quanto menos nossa infância nos tiver dado segurança, mais necessidade teremos de buscá-la. É preciso conhecer-se bem para encontrar o próprio ritmo, a própria maneira de dançar.

Meus alunos adquirem competências: eles dominam determinados conceitos do programa. Quando se aproximam os exames do fim do curso, às vezes tremem quando enumeram as matérias não estudadas. Eles me pedem aulas ou fichas sobre os conceitos faltantes. Eu os convido então a repassar os que já dominam. A revisar as matérias de que gostaram. A reencontrar o prazer, o melhor aliado da confiança. Em suma, a recobrar forças em sua zona de conforto. E, apenas depois disso, a descobrir conceitos novos. Eu os convido a dançar essa valsa de dois tempos.

Eu lhes proponho também se exercitarem em escrever introduções ou dissertações. "É no trabalho com o ferro que nos tornamos ferreiros", diz um provérbio medieval. Nem mesmo Vulcano, o deus do fogo e do trabalho com metais, alcançou isso da noite para o dia. Lançado ao mar por seus pais, ao nascer, por causa de sua feiura, ele foi recolhido por ninfas que o criaram e lhe ensinaram, durante anos, a arte da forja. Vulcano, o deus das forjas, com certeza ultrapassou em muito as dez mil horas de prática! Eu lhes recomendo, pois, que se exercitem, advertindo-os contra uma lógica de estrita competência: o assunto que cairá nos exames pode muito bem diferir de todos os outros. A dificuldade do ofício de professor está neste paradoxo: ensinar competências e desconfiar das competências que não vão além dos próprios limites.

Os alunos que se exercitam cheios de medo, preocupados em aprender todos os tipos de matérias, jamais conseguirão adquirir confiança em si. Vão adquirir competências que lhes valerão alguns sucessos escolares, mas continuarão carentes de confiança em si, e mais dia, menos dia, haverão de tropeçar. Serão muito mais passíveis de entrar em pânico, no dia do exame final de filosofia, diante de uma questão inesperada. Eles confiam demais em suas competências, mas não muito *em si mesmos*.

Outros alunos, ao contrário, exercitam-se em um espírito de descoberta, uma atitude menos escolar. Eles não têm a obsessão da preparação perfeita, mas desejam tentar coisas, aceitar desafios. Não procuram garantir-se a todo custo. Eles se voltam para a prática comprazendo-se nisso, sendo criativos. Não procuram resgatar os pontos estudados da mesma forma que os primeiros: em suas falas, a excitação e a curiosidade atenuam sua inquietação. O resultado é surpreendente. Enquanto os outros alunos se tomam de medo ante o caráter aleatório de todos os exames, eles parecem divertir-se com isso. Estão prontos para aceitá-lo, pois compreendem que isso é próprio da condição humana.

A confiança não é uma condição de absoluta segurança. Ter confiança em si é sentir-se capaz de aceitar o aleatório, dando-se conta de que a vida é imprevisível. Naturalmente, existem situações em que o grau de competência reduz efetivamente o componente aleatório a zero, mas, nesse caso, não é preciso ter confiança em si: a competência basta.

Em seu ensaio *Oser faire confiance* [Ousar confiar], o filósofo Emmanuel Delessert aponta a diferença entre a confiança e a competência: "Ter confiança não é afirmar ser capaz de fazer uma coisa porque já conseguiu fazê-la mil vezes — que tristeza! Que falta de visão! Bem ao contrário, é dirigir-se àquela parte inconstante e incerta de si — ainda não ativada — e decidir convocá-la, acordá-la." Ter confiança em si é tentar fazer alguma coisa que não conseguimos fazer "mil vezes", que talvez nunca tenhamos tentado. Quando conseguimos, não é simplesmente em nossa competência que confiamos: é em nós mesmos.

"A experiência dos outros é um pente para pessoas calvas", diz, com muita graça, um provérbio chinês. Que significa isso? Que o que conta é nossa experiência, não a dos outros, porque só nossa experiência pode nos dar confiança. Como acontece com "um pente para calvos", a experiência dos outros de nada nos serve. No máximo, ela nos dá um pouco mais de competência. Mas, mais do que a experiência adquirida, é o caminho percorrido e a maneira como o percorremos que constituem nossa verdadeira experiência, nosso tesouro. Nesse caminho, descobrimos nossa relação com a adversidade, com o fracasso ou com o sucesso, avaliamos a dimensão de nossos talentos, de nossos desejos, de nossa ambição: ganhamos em autoconhecimento. Ninguém pode percorrer esse caminho em nosso lugar.

Portanto, desenvolvam suas competências à vontade, mas sem estresse, cuidando sempre para que elas os aproximem de vocês mesmos. Desenvolvam-nas ao máximo, mas sem deixar-se dominar por elas. E a confiança virá por acréscimo. Como uma graça, uma recompensa ou uma surpresa.

3

Ouça a própria voz
Confie na sua intuição

> *O homem deveria aprender a detectar e observar*
> *esse clarão que, de seu interior,*
> *atravessa seu espírito como um relâmpago.*
>
> RALPH WALDO EMERSON

Entre os socorristas que trabalham no Service d'Aide Médicale d'Urgence (Samu)[2], o "médico da linha de frente" deve distinguir as "urgências absolutas" das "urgências relativas". No clamor das sirenes, em meio aos gritos ou choros, ele deve ser capaz de fazer a triagem dos feridos. Saber avaliar a gravidade de um estado à primeira vista, pela cor da pele, pelo branco dos olhos, pelo inchaço de um peito... É preciso ter confiança no próprio discernimento para conseguir decidir em uma situação de emergência, escutar-se em meio ao tumulto. O socorrista deve manter a calma e tomar imediatamente as decisões certas. Como ele o faz? Analisa friamente a situação? Isso não bastaria, porque ele não tem tempo de analisar tudo. Será que age por instinto, apoiando-se apenas em sua própria experiência? Isso tampouco seria suficiente: ele precisa dos dados, das observações clínicas. Com efeito, ele está inteiro nessa decisão, ao mesmo tempo sensibilidade e raciocínio, corpo e espírito.

---

2. Origem do Serviço de Atendimento Móvel de Urgência, o Samu do território brasileiro. [N.E.]

Um agente comercial está em meio a uma difícil negociação. Ela já dura algum tempo, mas, de repente, ele "sente". Muda de tom e propõe um preço definitivo. É pegar ou largar. Depois de alguns segundos, o interlocutor aceita. A intuição do agente estava certa. Ele soube escutar-se, e escutar-se *inteiramente*. No momento em que propõe seu último preço, ele também está totalmente presente a si mesmo e à situação. Seria um erro pensar que ele se limita a analisar a situação com frieza num piscar de olhos. Seria um erro análogo ao de pensar que sua decisão deriva de pura sensibilidade, da interpretação da linguagem corporal do interlocutor. É tudo isso ao mesmo tempo, e é por isso que ele "sente". No passado, ele conheceu tanto derrotas quanto vitórias. Não procura esquecer seus fracassos nem evocar suas vitórias. Se o fizesse, não estaria de fato presente. É por saber ser a soma do que viveu e por acolher no instante a totalidade de sua experiência que ele é capaz de propor o preço conveniente. Essa capacidade de escutar-se é, ao mesmo tempo, simples e complicada. Simples, porque não requer nenhum dom. Complicada, porque não é fácil conseguir essa presença integral em plena ação, no calor da hora e sob pressão.

Se essa capacidade de se escutar dependesse do desenvolvimento extraordinário de uma parte do eu, poderíamos temer nunca conseguir alcançá-la. Mas ela não exige nada disso: trata-se, antes, de deixar que todas as partes do eu se exprimam de forma combinada: razão e sensibilidade, consciência e inconsciência… Para conseguir ouvir-se de fato, bastaria talvez que nenhuma de nossas faculdades suplantasse as demais. Se nossa razão se impõe, é a ela que vamos obedecer. Se nossa sensibilidade vence, é a ela que vamos seguir. Quando nenhuma de nossas faculdades assume o controle, é em nós mesmos que vamos confiar. Todos somos capazes disso.

Muitas vezes, na escola, pediram-nos apenas que ouvíssemos as recomendações, os conselhos, as aulas. Fomos treinados para ouvir os professores. Não nos disseram com a devida ênfase que o objetivo era nos tornarmos capazes de nos ouvir.

Os estudos do Programme for International Student Assessment (Pisa), que permite comparar os sistemas educacionais dos diferentes países, mostram que há nos jovens franceses um grande descompasso entre seus conhecimentos e seu desempenho em questões de múltipla escolha. Eles sabem muitas coisas, mas, na hora de escolher entre várias respostas, hesitam e erram mais do que a média. Por que os jovens franceses tremem mais que seus pares europeus diante de questões de múltipla escolha? Porque não aprenderam a se ouvir. É muito raro ler "confie em você" nos boletins escolares franceses. Para cada comentário do tipo "pode fazer melhor que isso", "deve perseverar em seus esforços" — quantas vezes lemos "tenha mais confiança em seu discernimento"?

Eu tive a sorte de encontrar dois professores que modificaram o curso de minha existência. Nas aulas de literatura, no segundo ano do curso secundário, descobri Verlaine, Proust, Camus… Minha professora era muito tradicional, exigente, pedia-nos que decorássemos versos. Mas nunca deixava de nos indagar sobre nosso sentimento, de recomendar que nos ouvíssemos: "Sim, você tem razão, está certo, mas qual é a sua opinião a esse respeito? Isso o sensibiliza?"

Meu professor de filosofia me fez descobrir Aristóteles, Espinosa, Hegel… Ele me ensinou saberes, métodos. E me ensinou principalmente a ouvir. E muitas vezes lançava, de maneira brusca, ainda que tivesse acabado de fazer uma longa preleção sobre Descartes: "Descartes, mas basta de Descartes! Qual a opinião de vocês a esse respeito?" Vinte e cinco anos depois, entendo que aquelas horas passadas no curso de filosofia foram horas "para mim", arrancadas às contingências da vida, às restrições do cotidiano, às exigências familiares: horas para aprender a me ouvir. Nas aulas de filosofia, nós nos apaixonávamos por Platão, Kant ou Sartre para voltar a nós mesmos. Nós nos enfronhávamos na *Fenomenologia do espírito* de Hegel para aprender a ficar atentos ao nosso próprio espírito.

Os grandes professores nos lançam na aventura da existência: eles nos dão instrumentos que nos permitem ousar sermos nós mesmos. Com frequência, percebe-se que eles próprios percorreram um caminho análogo: eles também entraram em contato com saberes ou com autores que, a partir de então, passaram a ensinar. Eles são o exato oposto dos "conscienciosos", semelhantes ao anti-herói ridicularizado por Nietzsche, que se tornaram professores por medo da vida e falta de confiança em si. Tendo sido alunos aplicados, passaram para o outro lado do birô. Mas será que eles se ouviram? O que aprenderam sobre si mesmos? Sabem eles o que a atitude de aluno obediente revelava sobre sua relação com o mundo? Muitas vezes é entre eles que se encontra aquele tipo de professor que humilha os alunos à menor infração à regra, ao menor desvio de uma atitude "séria", arrasando com caneta vermelha a autoconfiança deles.

Quando evoco meus dois professores, lembro também que eles tinham a ousadia de dizer coisas simples que até poderiam parecer simplistas. Mais tarde eu haveria de compreender: lá onde outros camuflavam o pouco que sabiam sob um jargão pretensioso, eles sabiam exprimir de forma simples coisas muito complexas. Ousar exprimir-se dessa maneira é ousar se ouvir. Não existe maneira melhor — em um curso fundamental, secundário ou universitário — de despertar a vontade de ouvir a si mesmo que mostrar essa virtude na prática. Não vejo o que a escola poderia ensinar de mais belo. Ouçam seus professores: eles vão ensiná-los a se ouvir.

Conseguir se ouvir, porém, não é fácil. Para chegar a isso, é preciso, desde já, parar de curvar-se às verdades convencionais. Se essas verdades vêm da religião ou da tradição, podem ser debatidas e questionadas livremente. Alguém que repita como um papagaio o que uma educação religiosa lhe ensinou sobre Deus não poderá se ouvir: jamais poderá saber se crê ou não. Aquele que afirma que "aqui sempre fizemos dessa forma", para furtar-se à discussão, também abandona toda a possibilidade de se ouvir. Ele se submete à "verdade" da tradição, como outros se submetem à da religião. Venera demais o passado para confiar verdadeiramente em si mesmo. Não imagina que o que se manifesta nele aqui e agora possa ter legitimidade.

Ainda que essas verdades sejam estabelecidas pela ciência, isso não nos deve impedir de entender como se chegou a elas. Saber se ouvir é incorporar o saber sem deixar de questioná-lo.

Saber se ouvir exige igualmente que não nos submetamos à ditadura da urgência. Sabemos de tudo isso: por falta de tempo, por medo de nos atrasar, em uma situação de estresse, agimos de forma atabalhoada, precipitada. Obedecemos àquele ou àquela que mais nos pressiona ou que grita mais alto, encontramo-nos como ausentes de nós mesmos. Já não conseguimos nos ouvir.

Uma das maneiras de esquivar-se da tirania da urgência é distinguir o urgente do importante. Muitas coisas são urgentes, mas nem todas são importantes. O simples fato de nos interrogarmos sobre essa distinção é, às vezes, libertador, e não impede que continuemos a fazer o que precisa ser feito em um prazo exíguo. Muitos executivos, submetidos à pressão constante da urgência, perdem a confiança no próprio discernimento. Temos a prerrogativa de contrapor ao fluxo incessante das exigências, cada uma mais urgente que a outra, esta questão simples: é urgente, mas será que é importante? O que de fato é importante, em nossa vida profissional, é que façamos bem o que nos cabe fazer, aquilo que é de nossa competência. Haurindo forças dessa postura, podemos tentar satisfazer a uma solicitação urgente de um colaborador ou de um superior, mas com uma nova liberdade interior. Pode acontecer que esse colaborador ou esse superior, estando sob uma pressão excessiva, nos peça coisas que, na verdade, não nos competem. Cabe-nos, então, não perder de vista o que é importante: fazermos de forma correta o que temos de fazer. Podemos também estabelecer essa distinção entre o urgente e o importante em sentido mais amplo, sem nos restringir ao campo estritamente profissional. O importante é que nossos filhos estejam bem, que sejam felizes, que nos poupemos dos dramas da existência e saibamos tirar proveito deles. Ainda que nos apressemos no escritório, agora sabemos que o essencial está alhures: trabalhamos em ritmo acelerado, mas sem nos *submeter* à lógica da urgência. Com essa consciência da distinção entre o urgente e o importante, preservamos a faculdade de nos ouvir.

Também o médico socorrista trabalha em ritmo acelerado. O fluxo que ele tem de enfrentar não é um fluxo de mensagens de e-mail, mas um fluxo de feridos... Ele trabalha em regime de urgência, mas dispõe de uma bússola interna, não se deixa dominar pela agitação à sua volta. Sabe que determinadas urgências são mais importantes que outras e não se deixa arrastar pela temporalidade acelerada na qual trabalha. Ele haure essa serenidade de um tempo mais longo: aquele que o fez acumular a experiência que hoje lhe permite ouvir-se, em situações de urgência, para realizar os gestos mais importantes, aqueles que vão salvar o máximo de vidas.

O único filósofo que levou a sério a questão da confiança em si foi Ralph Waldo Emerson, autor norte-americano nascido em princípios do século XIX. Em *A confiança em si*, texto curto publicado em 1841 e constante de seus *Ensaios*, ele parece traçar o retrato desse médico socorrista: "É fácil, estando no mundo, viver de acordo com a opinião do mundo; é fácil, na solidão, viver de acordo com a nossa opinião. Mas tem grandeza quem, no meio da multidão, guarda com perfeita suavidade a independência da solidão." Mesmo em meio à multidão, aquele que tem confiança em si ainda sabe ouvir-se como se estivesse em um ambiente tranquilo, sozinho consigo mesmo. O médico de guerra experiente e o médico socorrista dão provas dessa grandeza de que fala Emerson: eles tomam as decisões certas porque mantêm essa forma de independência, essa faculdade de presença a si, no centro do tumulto. "O homem", completa Emerson, "deveria aprender a detectar e observar — com mais atenção do que a que ele dá à luz que brilha no firmamento dos bardos e dos sábios — a luz que, de seu interior, atravessa seu espírito como um relâmpago."

Conseguir ouvir-se não é algo automático. É algo que se aprende, principalmente graças a rituais, que são encontros com o próprio eu. Os rituais nos ajudam a tomar distância das histerias de nossa época ou do ritmo frenético de nossa vida.

Eles nos ajudam a nos reencontrar. Deitar-se duas vezes por semana no divã de um psicanalista, correr três vezes por semana, praticar regularmente meditação, shintaido (ShinTaiDo) ou ioga, observar o repouso no sétimo dia da semana, ir à missa aos domingos: cada um desses rituais nos oferece um ambiente em que podemos nos ouvir. Permitem-nos abstrair-nos da urgência para nos concentrar no importante. Neles recobramos o alento, voltamos a nos tornar presentes a nós mesmos. É nesses momentos que, muitas vezes, se desfazem os nós. Achamos a solução para aquele problema profissional que nos atormenta, compreendemos o que desejamos em nossas relações amorosas e nos vemos com mais clareza. Muitas vezes, essa luz surge em momento de descontração. Compreendemos, então, que podemos ter confiança em nós mesmos: a resposta estava em nós, mas precisávamos de um espaço que nos permitisse percebê-la.

Isso me aconteceu tantas vezes... Estou deitado no divã. Estou falando. Como preconiza o método freudiano de associações livres, digo as coisas "como elas vêm". De repente, eis que surge uma revelação: vejo algo que não tinha visto, que eu não queria ver. Compreendo melhor por que estou angustiado ou, ao contrário, tranquilo. Não estou recalcando lembranças para me convencer de alguma coisa. Não estou calando meu corpo para ouvir a voz de minha consciência. Estou inteiramente presente. Eu tinha me esquecido de ser capaz disso. Temos um grande talento para mentir a nós mesmos: temos grande capacidade de evitar nos ouvir. Por esse motivo, há alguns anos, eu me vi em estado de depressão e descobri a psicanálise. Saí da depressão bem depressa, mas continuei no divã. Preciso desse ritual. Ele me dá a oportunidade de parar, é o espaço em que deixo de mentir para mim mesmo e consigo, enfim, me ouvir.

Em *O pequeno príncipe*, a raposa censura o pequeno príncipe por ter ido visitá-la, mas em horário diferente, afastando-se do ritual:

> — Seria melhor ter vindo na mesma hora — diz a raposa. — Se você vem, por exemplo, às quatro horas da tarde, às três já começo a me sentir feliz. Quanto mais o tempo passar, mais me sentirei feliz. Às quatro horas, ficarei agitada e inquieta; e descobrirei o preço da felicidade! Mas se você vem a qualquer hora, nunca saberei em que momento preparar meu coração... Precisamos de ritos.
> — Que é um rito? — diz o pequeno príncipe.
> — O rito também é algo muito esquecido — diz a raposa.
> — É o que faz um dia ser diferente dos outros dias, e uma hora, diferente das outras horas.

"Precisamos de ritos", observa a raposa. Sem eles, teríamos sempre de contar com nossa vontade para nos conceder esses instantes de descontração, de presença a nós mesmos. Se tenho uma sessão com o psicanalista todas as terças e quintas-feiras às dezenove horas, a coisa já está bem definida, pois se encontra ritualizada. Se costumo assistir à missa todos os domingos às onze horas, já não preciso fazer nenhum esforço para ir à igreja. O rito me dá respaldo: ele toma o lugar de minha vontade. Se nossa vontade tivesse sempre de triunfar sobre as dificuldades e resistências, iríamos ao divã uma vez por mês e à missa uma vez por ano...

Graças aos ritos, acrescenta a raposa, "um dia é diferente dos outros dias". Pelo fato de se repetirem, nos permitem avaliar melhor o que não se repete: eles nos ajudam a perceber nosso avanço no caminho de nossa vida. Sem essas paradas regulares, como saber em que ritmo estamos avançando? Devemos desconfiar de nossas existências desestruturadas e aprender a resgatar o sentido do rito, que nossa modernidade desgastou.

É verdade que, no mundo muito estruturado de antes da Revolução Francesa, a existência dos indivíduos era muito mais ritualizada, mas sua capacidade de ouvir a si mesmos não era valorizada. Ela constituía até uma ameaça à norma, o risco de uma desordem inútil em uma sociedade estruturada em ordens. Por que confiar nos indivíduos quando, para funcionar, a sociedade precisa apenas de sua submissão às normas e às tradições? Por que convidá-los a ouvir-se, dado que são os mais velhos que sabem, e os príncipes que decidem? A confiança em si não tinha nenhum sentido no mundo antes da Revolução, exceto para alguns aristocratas com espírito cavalheiresco. A confiança em si é um ideal moderno, decorrente dos princípios democráticos e das obras dos filósofos do Iluminismo. "Tenha a coragem de confiar em seu próprio discernimento. Eis a divisa das Luzes", escreve Kant. Esse convite a usar livremente a própria razão é nada menos que um convite a ouvir-se.

Confiar na própria intuição, aprender a ouvir-se é simplesmente ser livre. Quando nos refugiamos atrás de pseudoverdades, quando nos submetemos às opiniões dos "sábios", abrimos mão de nossa liberdade. Sartre qualifica essa renúncia de "má-fé". Inversamente, a boa-fé é a confiança em nossa liberdade. Sempre concebemos a liberdade de forma equivocada: nós a reduzimos a uma ausência total de restrições. Como nossa existência está cercada de limitações, concluímos que não somos livres.

Ora, a liberdade nada tem a ver com a ausência de limitações. Nós somos livres, escreve Bergson, quando somos plenamente o que somos, quando conseguimos acolher no instante presente a totalidade de nosso passado, daquilo que vivemos. Ouvir-se é exatamente isso. Acolher esse passado sem reduzi-lo a uma unidade fictícia ou a uma identidade forçada, aceitando-o tal como é, em sua irredutível complexidade. Somos livres quando conseguimos nos ouvir inteiramente. O médico socorrista em plena ação não goza de uma ausência de limitações. Não obstante, ele é livre no sentido de Bergson: ele está inteiro no coração da ação.

Impossível, pois, sermos livres quando reescrevemos nossa história ocultando suas páginas sombrias, esforçando-nos para ver o "copo meio cheio". Impossível, também, sermos livres quando não paramos de fazer o mea-culpa, tendo olhos apenas para o "copo meio vazio". Esses dois defeitos revelam uma mesma falta de confiança em si.

A confiança em si deve ser uma confiança em *todo* o eu. Este eu não é um núcleo puro, uno, perfeitamente coerente, com o qual é preciso contar para encontrar ou manter a confiança. Tal núcleo não existe. Aqueles que o invocam e nos aconselham a buscá-lo para ganhar confiança em nós mesmos mentem. Pior, eles nos põem contra a parede. Basta nos examinar por um instante para constatá-lo. Onde se aninharia tal núcleo? Em nosso cérebro? No estômago? No calcanhar? Em nosso genoma? O eu é múltiplo, paradoxal, mutável: aceitando-o tal como é, podemos avaliar a dimensão de nossa liberdade. Então, é como uma barreira que cede. Não estamos mais submetidos nem a uma parte de nós mesmos, que nos tiranizava do interior, nem a uma verdade caída do céu, imposta do exterior. Estamos duplamente livres: finalmente temos confiança em nós mesmos.

Não é de surpreender que Emerson, o filósofo da confiança em si, tenha tido grande influência sobre Nietzsche, que desprezava os espíritos "conscienciosos". O autor de *Crepúsculo dos ídolos* chega a dizer que Emerson é sua "alma irmã". Não é à toa que Emerson é norte-americano. Ele não cresceu em um país da velha Europa, orgulhoso de seu passado multimilenar, convencido de encontrar em si todas as respostas às questões do presente. É de um país jovem, descoberto por engano, que valoriza o espírito pioneiro, que é o próprio espírito da confiança em si. Nos Estados Unidos, a submissão ao que Max Weber qualifica pitorescamente de "autoridade do eterno ontem" é uma tendência menos forte que a que temos entre nós. O pioneiro ousa se ouvir. Aliás, ele não tem escolha, visto ser o primeiro.

Em cada um de nós campeia a guerra entre o espírito do "Conscencioso" e o espírito do Pioneiro. Toda vez que nos ouvimos, o espírito do Pioneiro prevalece. Quanto menos seguimos cegamente os dogmas e as tradições, mais aumenta o espaço de nossa confiança em nós mesmos.

"Tem confiança em ti mesmo", preconiza Emerson, "todo coração vibra ao som dessa corda de ferro." Devemos aprender a ouvir essa vibração, a detectá-la. A prestar menos atenção aos barulhos periféricos, às vozes de todos aqueles que repetem o tempo todo que "é muito urgente", que "isso não se discute" ou que "as coisas sempre foram assim". Essas vozes nunca haverão de se calar. Ter confiança em si é desviar-se delas para se voltar a si mesmo e conseguir se ouvir.

4

Maravilhe-se
Quando a beleza nos torna confiantes

Não pode haver nenhuma melancolia por demais soturna para aquele que vive no seio da natureza e cujos sentidos estão em alerta. [...] Enquanto eu viver em paz com as estações, estou certo de que nada poderá fazer de minha vida um fardo.

HENRY DAVID THOREAU

Se ainda temos dúvidas sobre nossa capacidade de nos ouvir, basta simplesmente relembrar todos os momentos em que mostramos confiança em nós mesmos... sem nem ao menos nos dar conta disso.

É uma experiência bem simples, que realizamos regularmente. Quando passeamos no campo e, de repente, nos sentimos arrebatados pela beleza de uma paisagem montanhosa. Quando nos perdemos na contemplação de um céu estranhamente luminoso. Quando nos deparamos, no rádio, com uma canção que nos emociona imensamente. E achamos isso belo. Nós não dizemos que aquilo nos agrada, mas que "é belo", como se todo mundo devesse reconhecer-lhe a beleza.

Que confiança em si é preciso ter, pois, para ousar enunciar uma tal verdade geral? Temos tamanha confiança em nosso julgamento que nem ao menos sentimos necessidade de argumentar. Nós julgamos livremente, sem nos deixar estorvar por nenhum critério. É belo, apenas isso. Não é belo por uma razão explícita. É belo *porque é*. Nós, que tantas vezes duvidamos de nós mesmos, eis que agora deixamos de duvidar: a contemplação da beleza nos autoriza, enfim, a nos ouvir.

Lembro-me de certa noite de verão: estou andando em direção a uma praia, na Córsega, cismando sobre a minha vida que me foge. Duvido de quase tudo. Preciso reassumir o controle, mas careço de método, não sei como fazê-lo. Tenho de tomar uma decisão, mas não consigo. De repente, vejo a luz sobre o mar, a cintilação argêntea. A luz começa a declinar, mas é como se dobrasse de intensidade. Tudo se torna de repente mais real, mais presente. Naquela cintilação fascinante, tudo evoca, paradoxalmente, a ideia de eternidade. Não tenho a menor dúvida: é belo.

"É belo" — o enunciado é simples, cheio dessa autoridade de que muitas vezes carecemos. Em muitas outras ocasiões, em nosso local de trabalho, no ambiente familiar, somos incapazes de tal autoridade. Temos argumentos que não ousamos expor. Na experiência estética, arrebatados pela voz de uma cantora ou pelas primeiras notas de uma cantata, descobrimos como somos capazes de nos ouvir. Toda vez que dizemos, dessa forma, que é belo, confiando apenas no que essa beleza nos inspira, reaprendemos a confiar em nós mesmos.

"O belo é sempre bizarro", afirmava Baudelaire. Com efeito, é estranho: a experiência estética nunca é simplesmente estética. Tornando-nos mais presentes a nós mesmos e ao mundo, ela tem também o poder de revelar, de provocar, talvez até de suscitar a confiança em nós mesmos.

É provavelmente pelo fato de nossa emoção estética nos arrebatar por inteiro que ela tem esse poder. Quando julgo bela essa paisagem da Córsega, não o faço simplesmente com base em minha sensibilidade. Naturalmente, valho-me dos meus sentidos, mas meu prazer estético não pode se reduzir a um prazer sensual, a um deleite para os olhos e para os ouvidos. Essa paisagem encerra também valores, sentido: ela me faz pensar no infinito, em Deus, na liberdade… Da mesma forma, meu prazer comporta, pois, uma dimensão intelectual, além da dimensão sensual. Tenho consciência de amar essa paisagem, mas ela me fascina também por razões inconscientes, despertando a parte mais secreta de meu ser. Quando somos sensíveis à beleza, não apenas ouvimos uma parte de nós mesmos, mas nos valemos da harmonia de todas as nossas faculdades: sensibilidade, inteligência, inconsciente, imaginação… Essa harmonia nos autoriza a falar de autoconfiança, e mesmo de confiança em todo o nosso "eu", e não simplesmente em nossa sensibilidade ou em nossa razão.

Quando se debruça sobre o enigma da experiência estética, Kant evoca "um jogo livre e harmonioso das faculdades humanas". Quando a beleza de uma paisagem nos arrebata, o conflito interior que tantas vezes nos consome parece cessar miraculosamente. Não estamos mais dilacerados entre uma razão que ordena isso e uma sensibilidade que nos exige aquilo… A cacofonia interior cessa num instante: estamos, enfim, em harmonia com o nosso eu. Ouvir-nos, portanto, fica então muito mais fácil…

Diante da obra de um artista, às vezes somos tentados a nos perguntar "o que ele quis nos dizer?". Nossa reflexão pode então se impor e nos proibir a harmonia interna que nos oferecem com mais facilidade as belas paisagens: à força de tanto procurar o que o artista quis dizer, já não conseguimos sentir o que a sua obra suscita em nós. Mas acontece também de nos encontrarmos diante de uma obra de arte exatamente como diante de uma paisagem natural: sem nos perguntar sobre a intenção que está por trás da obra. Assim, contemplar a obra, ouvi-la, nos basta, nos traz uma alegria profunda e nos torna atentos àquilo que se processa em nós. Muitos adolescentes carentes de confiança em si descobriram um dia, ouvindo David Bowie ou John Lennon pela primeira vez, que eram capazes de uma forma de segurança, de uma confiança no próprio discernimento: não há nenhuma dúvida, é belo. Muitos homens e mulheres com dificuldade de confiar em si sentem-se de repente autorizados, graças ao "Requiem" de Mozart ou à "Fantasia em fá menor" de Schubert, a finalmente se ouvir. Eles não sentem necessidade de consultar especialistas para saber o que Schubert traduziu em música nessa obra-prima: as esperanças frustradas, os limites da arrogância humana, a melancolia, às vezes deliciosa, e a alegria brutal que ainda consegue irromper impetuosamente, explodir, apesar de tudo. Apenas lhes basta deixar-se levar por sua emoção; eles o sabem. Frequentar a beleza é aproximar-se de si mesmo. Não simplesmente "evadir-se", mas mergulhar no fundo de si, para lá encontrar a possibilidade da confiança.

Eis por que nos sentimos gratos aos artistas que nos comovem. Temos vontade de lhes agradecer por esse poder que nos dão. Descobri os romances de Françoise Sagan por volta dos dezoito anos de idade. A "pequena música" de sua escrita tão fluida, aparentemente simples. *Bom dia, tristeza*, que ela escreveu quando tinha dezessete anos, inicia-se com estas palavras tão melodiosas: "A este sentimento desconhecido, cuja lassidão e doçura me perturbam, hesito em apor o nome, o belo e solene nome de tristeza." Um escritor é uma voz, uma nota em registro baixo. Como a encontrar, quando não se sabe ouvi-la? Françoise Sagan era muito jovem, mas já o conseguia. Para poder continuar a tocá-la, era preciso que ela mesma ouvisse a "pequena música" de suas palavras... Quanto mais eu lia, mais sentia aumentar em mim o desejo de escrever. Eu me dizia ser também capaz de encontrar minha voz, meu tom, ouvir-me com a mesma liberdade.

"As grandes obras de arte" — escreve Emerson logo no início de *A confiança em si* — "não nos dão lição mais valiosa que esta: elas nos ensinam a nos render à nossa espontaneidade com uma inflexibilidade jovial." Finalmente, quando afirmamos "é belo", falamos, talvez, tanto da paisagem e da música quanto dessa confiança que aumenta e se intensifica em nós de forma irresistível. Toda vez que a beleza nos toca, ela nos dá a força de ousar nos aproximarmos de nós mesmos.

Sentir necessidade de ler os críticos, ouvir os guias ou as opiniões abalizadas para saber se "é belo" é carecer de confiança em si. Não mais se entregar à própria espontaneidade, mas à ditadura "do que se deve pensar" — o que é uma definição do esnobismo —, é não ter confiança em si.

Frequentemos, pois, a beleza, da forma mais livre possível e sempre que possível. No campo, como nas cidades, aprendamos a abrir os olhos: a beleza está por toda parte; por toda parte ela nos propicia o encontro com nossa liberdade. Visitemos museus, mas sem nos deixar absorver pelos guias, ouvindo-os apenas o bastante para ganhar confiança em nós mesmos, não nos deixando inibir por nossa cultura limitada, para finalmente ousar o *salto* de uma relação direta e espontânea com as obras, o salto da confiança em si.

Lembro-me de minha emoção na primeira vez que me encontrei diante de um Rothko. Uma tela imensa, laranja e amarela. De repente, ali, diante de mim. Uma pura presença. A beleza é, pois, uma presença que reclama outra. Eu estava diante de Rothko como diante do mar da Córsega: certo de que era belo, de que havia naquela vibração da luz alguma coisa de eterno, de verdadeiro. Uma densidade extraordinária de espírito no coração da matéria. Não obstante, eu nada sabia da obra, nem ao menos quem era Rothko. Mas eu não tinha a menor dúvida. Eu tinha uma confiança absoluta em meu sentimento, em meu julgamento, em mim. Era ao mesmo tempo uma confiança nesse artista que me era desconhecido, na arte, na beleza, na vida.

Se soubermos acolher livremente a beleza, ela pode nos libertar de nossas inibições. Toda vez que julgamos que "é belo", sem critérios, aumentamos nossa autoconfiança. Mas a beleza nos propicia muito mais: ela nos enche de uma força vital, nos ajuda a encontrar coragem. Todos nós já a vivenciamos em museus, talvez; ouvindo música, provavelmente; na natureza, com toda a certeza. Assoberbados de preocupações, cheios de dúvidas, certos de que não chegaremos lá, vamos andar pelo campo, contemplar os cumes nevados ou simplesmente os raios do sol filtrando por entre os galhos... E então, de repente, parece-nos que nada é impossível.

Foi algo dessa ordem que vivi na Córsega, e também o que relata Henry David Thoreau, aliás amigo íntimo de Emerson, em sua obra-prima *Walden ou a vida nos bosques*: "Não pode haver nenhuma melancolia por demais soturna para aquele que vive no seio da natureza e cujos sentidos estão alertas. [...] Nunca houve tempestade que não se fizesse acompanhar de música eólica para os ouvidos puros de um ser sadio [...]. Enquanto eu viver em paz com as estações, estou certo de que nada poderá fazer de minha vida um fardo."

Aqui, a beleza da natureza faz mais do que nos autorizar a julgá-la. Ela nos enche dela mesma, a ponto de nos dar a força para acreditarmos em nós mesmos. No fundo, é muito difícil compreender o que está em jogo. O que é que, na simples contemplação do belo na natureza, nos dá tanta confiança? Afinal de contas, essas belas formas são, por definição, superficiais. Por que então nos tocam de forma tão profunda, a ponto de nos trazer essa serenidade de que se nutre nossa confiança?

A contemplação nos permite, talvez, simplesmente relativizar, olhar com outros olhos, mudar o ponto de vista. Diante de tanta beleza, diante do milagre desse amanhecer, desse mundo que parece nascer sob nossos olhos como na primeira manhã, tomamos distância de nossas preocupações. Diante do mistério dessa luz, o peso de nossas preocupações de repente fica mais leve.

Mas há outra coisa. Sentimos que no coração dessa beleza atua uma força que nos ultrapassa, justamente aquela na qual confiamos. Não contemplamos mais uma beleza que nos é exterior, mas sentimos uma força nos atravessar, uma força que está tanto dentro quanto fora de nós. Então já não somos mais simplesmente espectadores da beleza do mundo. Nós recuperamos nossa presença no mundo. Já a havíamos esquecido, e eis que a beleza vem nos lembrar: nós habitamos este mundo. Ele não é apenas algo a explorar ou tornar rentável — ele é a nossa casa. É mais fácil ter autoconfiança quando nos sentimos em casa no mundo.

"Por que então falar de confiança em si?", pergunta Emerson. "[…] Falar de confiança é uma pobre maneira de se exprimir. Falemos antes do que tem confiança, porque isso existe e está atuando." Para Emerson, "o que tem confiança" e "está atuando" é uma força divina cuja presença sentimos quando nos furtamos à agitação e reencontramos a paz da natureza. O que Emerson chama de força divina é a energia cósmica dos estoicos, ou Deus, entre os cristãos, a Natureza, entre os românticos, ou o elã vital, em Bergson — no fundo, pouco importa. Não é justamente isso que sentimos quando nos deixamos absorver na contemplação de um céu, quando olhamos videiras nodosas e uvas cheias de vida, os girassóis que se voltam para o sol com um tremendo vigor? Com efeito, alguma coisa na beleza da natureza "existe e está atuando". Compreendemos, então, que a confiança em si não pode ser simplesmente uma confiança... em si. Ela é também uma confiança no que está atuando na natureza, nesse elã que a atravessa e se manifesta em sua beleza. E voltamos à ideia de que a confiança em si é sempre e ao mesmo tempo uma confiança em algo que não o eu. Da mesma forma que a criança ganha confiança em si por saber que pode contar com os outros, a confiança em nós mesmos que nos dá a beleza é, ao mesmo tempo, uma confiança nessa força que vibra na natureza e a torna tão bela.

Enfim, quando, diante dessa natureza que consolou tantos homens e mulheres antes de nós, afirmamos "é belo", manifestamos também confiança em todos os outros homens, em uma possível harmonia universal em torno dessa beleza. Como se a harmonia que sentimos em nós nos despertasse o desejo de harmonia com os outros. Embora essa harmonia dificilmente vá ocorrer, nós a invocamos com os nossos votos no momento dessa emoção. Na intensidade desse segundo, acreditamos nela. "É belo", diz essa fé, esse convite à partilha. Também por essa razão, a confiança em si é ao mesmo tempo confiança em algo que não é o eu. É confiança na beleza dessa força em ação, mas também em uma harmonia possível entre todos os homens, para além de suas diferenças.

O alpinista Patrick Edlinger é um praticante de esportes radicais e, ao mesmo tempo, um esteta. Olhar esse homem que revolucionou a escalada galgar sozinho, sem acessórios de segurança, as paredes lisas das mais altas montanhas é realmente fascinante. No documentário sobre ele — *La Vie au bout des doigts* [A vida na ponta dos dedos] —, o que impressiona, a princípio, é seu domínio da técnica, sua competência absoluta, tanto mais notável porque ele escala sem equipamento, vestindo apenas um short de algodão, uma camiseta e uma pequena reserva de talco pendurada às costas. Seus gestos são tão perfeitos que parecem não exigir nenhum esforço, principalmente nos momentos em que ele muda de apoio, quando o peso de seu corpo passa de uma mão para a outra. Quando leva uma mão às costas para mergulhá-la no talco, ele está sobre o vazio, suspenso apenas pela sua outra mão, mais exatamente pela ponta dos dedos. Descobrindo seu modo de vida — ele morava em um trailer perdido no coração de paisagens sublimes — e ouvindo suas entrevistas, compreendemos o papel central que ocupava, em sua preparação, a contemplação da natureza. Ele vivia, literalmente, em meio a essa beleza, em comunhão com as forças da natureza. Quando ele não estava treinando, fazendo musculação ou alongamento, quedava-se na contemplação do belo céu azul, dos cimos imponentes ou da grandiosa simplicidade dos cumes, em um diálogo contínuo com a beleza do mundo. De onde ele tira a confiança na hora de partir, sozinho, sem corda nem garantia, para uma ascensão ultra-arriscada? É claro que ele confia em sua competência, em sua experiência. Mas confia também na própria natureza, nessa beleza que lhe dá tanta força e o acompanha no dia a dia. É impossível, *in fine*, dissociar a confiança que lhe dá sua imensa competência da que ele encontra para além de si: nos elementos naturais, no próprio equilíbrio do mundo, cuja beleza constitui o indício, e talvez mesmo a prova dessa confiança.

Seu exemplo é rico de ensinamentos para todos nós, ainda que não escalemos, com as mãos nuas, os mais altos picos do mundo.

Ele nos diz que o fato de contar ao máximo consigo mesmo, desenvolvendo seu talento no limite, não o impede de contar com algo que o ultrapassa.

Ele nos diz que, por trás da confiança em si, há uma confiança mais obscura, mais secreta, e também mais profunda, em outra coisa que não o seu eu.

Ele nos diz que podemos nos deixar inspirar pela beleza: ela pode ser o melhor dos guias.

5   Decida
A confiança na dúvida

> *O sábio considera, em todas as coisas,*
> *não o resultado, mas a decisão que tomou.*
>
> SÊNECA

Quando tergiversamos indefinidamente, incapazes de encontrar forças para nos decidir, temos a tendência a alegar a falta de argumentos, de dados, de conhecimentos... Mas estamos enganando a nós mesmos: no mais das vezes, carecemos simplesmente de confiança. Como acabamos de ver na experiência estética, quando chegamos à conclusão de que essa paisagem é "bela", não é por dispormos de argumentos irretorquíveis, mas porque ousamos nos ouvir, confiar em nós.

Uma jovem mulher recebe uma proposta de emprego tentadora, mas hesita. O cargo que ela ocupa atualmente não é muito estimulante, mas lhe propicia certo conforto: salário justo, colegas simpáticos, proximidade de casa, garantia de emprego. Não é o emprego de seus sonhos, mas ela se acha em uma posição bastante boa.

O cargo que lhe propõem é o que ela esperava, a promessa de finalmente desenvolver seu talento. Mas se trata de uma empresa pequena, longe de sua casa, ela não conhece seus futuros colegas, e a parte fixa de seu salário é ligeiramente inferior ao seu salário atual. Ela poderá ganhar mais, mas só se as coisas derem certo... Então, fica na dúvida. De um lado, a segurança, um cotidiano agradável, nada muito empolgante, mas que representa uma tranquilidade de espírito para essa mulher que cria seus dois filhos sozinha. De outro, condições mais vantajosas, mas também maiores riscos, tanto para ela quanto para os seus. Quando ela se inclina para um lado, o medo de enganar-se a paralisa. Passam-se os dias e ela não consegue se decidir. Como sair desse impasse? Como conseguir tomar uma decisão?

Decidir é encontrar a força para avançar na incerteza, conseguir ir em frente na dúvida, apesar da dúvida. É compensar a falta de argumentos definitivos com a capacidade de se ouvir, ou simplesmente tomar a decisão para se pôr novamente em marcha. Nos dois casos, é uma questão de confiança em si. Esses movimentos não são fáceis: é preciso "tomar a si", estar preparado para aceitar as consequências imprevisíveis, mas isso é próprio da decisão. Ela nos obriga a escolher, mesmo sem o recurso de um argumento indiscutível. Não às cegas, mas tampouco com pleno conhecimento de causa.

Essa dificuldade é a da própria vida. Porque somos seres livres, porque não somos máquinas programadas, temos de aceitar uma parcela irredutível de incerteza. Provavelmente, precisaríamos fazer até mais que aceitá-la: conseguir amá-la. É o que essa jovem mulher não consegue fazer. Toda decisão é, por definição, arriscada: quanto mais aceitarmos essa parcela de risco, mais seremos capazes de decidir efetivamente, e fazê-lo com satisfação. Ainda que reduzamos ao máximo o risco, sempre restará um resíduo. Não suportar esse resíduo é condenar-se a não se decidir ou a decidir com um frio na barriga. E, portanto, decidir mal.

Nossa existência nos põe o tempo todo diante de decisões a tomar. Nós não sabemos se é o momento de assumir um compromisso, de mudar de casa, de mudar de emprego. Mas ninguém poderá decidir em nosso lugar, cabe a nós comparecermos ao encontro, quando a vida nos exige uma decisão. Se não assumirmos plenamente nosso poder de decisão, nossa vida será uma sequência interminável de decisões por tomar, nos escapará entre os dedos, e com ela nossa confiança. Não existe confiança em si sem o domínio da difícil arte da decisão.

A filosofia é capaz de nos ajudar ao permitir que possamos compreender a diferença entre escolher e decidir, que, com frequência, confundimos. Na verdade, às vezes os dois termos são utilizados como sinônimos. No entanto, eles obedecem a duas lógicas diferentes.

Escolher é escolher de forma lógica, racional, depois de um exame que faz encolher a incerteza como a pele de onagro do romance de Balzac. Entre dois destinos de férias, se um apresenta objetivamente mais vantagens que o outro e corresponde melhor a nossas expectativas, por um preço igual, nós vamos *escolhê-lo*. Não precisamos então de verdadeira confiança em nós mesmos: saber refletir e calcular corretamente é bastante. Mas quando os dois destinos são igualmente atraentes, por razões diferentes, e não há um dado objetivo para desempatá-los, precisaremos *decidir*.

Escolher é apoiar-se em critérios racionais para viabilizar a ação. Decidir é compensar a insuficiência desses critérios pelo uso da própria liberdade. Escolher é saber antes de agir. Decidir é agir antes de saber.

Portanto, somos mais livres quando nos decidimos do que quando escolhemos, porque não temos de obedecer a critérios indiscutíveis. Mas, muitas vezes, essa liberdade nos perturba.

Por vezes, a dúvida da jovem mulher se transforma em angústia. Ela teme as consequências de sua decisão. Sabe que, se não mudar de empresa, terá de resignar-se a sua vida mediana, embora confortável, e não dará aos seus filhos exemplo muito inspirador. Se ela corre o risco de mudar, sabe que deverá pagar o preço da instabilidade a que submete sua família. Ela gostaria de não ter de decidir. No fundo, o que a angustia é sua própria liberdade.

Em nossa prática profissional, falamos equivocadamente de decisões, quando se trata apenas de escolha. Quando temos de confiar apenas no bom senso ou em uma planilha do Excel, quando só temos de respeitar os hábitos ou o *process*, não precisamos, a rigor, decidir nada. A questão da decisão se instaura quando, depois de esgotarmos todos os recursos de nossa razão, ainda resta uma parte de incerteza. Quando não podemos ter certeza de que nossa escolha será a correta, estamos diante da necessidade de tomar uma decisão — do latim, *decidere*, "cortar", talhar. É porque não sabemos o que decidir! E é difícil: é tão mais fácil escolher... Sofremos porque gostaríamos de escolher, lá onde a vida nos exige uma decisão.

Para viver melhor, lembra Wittgenstein, às vezes basta pensar melhor, estabelecer determinadas distinções conceituais. Compreender a diferença entre escolher e decidir ajuda tanto quando se trata de coisas pequenas — como pedir um prato no restaurante —, quanto nas grandes decisões — como mudar de emprego ou comprometer-se com alguém. No restaurante, se esperarmos ter a certeza de não nos enganarmos para nos decidir entre o frango caipira e o assado de porco, corremos o risco de esperar muito tempo — e fazer os outros esperarem. Somente a verdadeira aceitação da incerteza nos tornará capazes de decidir mais prontamente.

Por que essa jovem mulher não consegue decidir se deve ou não aceitar a oferta de emprego? Porque ela não convive bem com a incerteza. Consciente ou inconscientemente, ela parece esperar que um programa de processamento de dados analise seu caso, projete seu futuro e lhe aponte a opção certa. Esse programa não existe. E é aí que está a beleza da vida. Mas ela se esquece disso. Todos temos tendência a esquecer. Ficamos paralisados com a incerteza porque nos esquecemos do quanto a vida seria insípida se tudo fosse seguro, previsível. Claro que podemos nos enganar. Claro que as consequências podem ser dolorosas. Mas esse grão de acaso é o sal de uma vida humana. Se nos recusarmos a aceitar a realidade do incerto, essa recusa nos minará por dentro, privando-nos de nossa lucidez e de nossa capacidade de nos ouvir. Se, ao contrário, a aceitarmos verdadeiramente, encontraremos, paradoxalmente, a coragem de decidir. Armados dessa lucidez, tomaremos uma decisão com plena consciência. Seremos capazes de aceitar de forma mais serena a possibilidade, inerente a toda decisão, de ser incorreta.

Aumentar a confiança em si exige, pois, uma metamorfose interior: devemos nos abrir à aceitação da incerteza. Essa abertura é difícil porque normalmente utilizamos nossa inteligência para reduzir a incerteza. É nisso que precisamos de uma filosofia, talvez até de uma sabedoria. "O céu está dentro de nós", diz um provérbio do Sri Lanka, sugerindo que muitas revoluções começam com mudanças internas... Sempre restará incerteza: não podemos mudar essa realidade. Mas podemos mudar a maneira como a recebemos. O que nos esgota e nos angustia é a negação. Tudo é mais fácil para quem abandona a negação e consegue olhar de frente a incerteza.

É o que finalmente acontece à jovem, quando de um passeio às margens do Sena. Ela encontra seu ritmo, sente-se bem. Ela encara a incerteza de outra maneira: "O sucesso não é garantido — diz para si mesma —, o futuro não está escrito. Assim é. Mas vou me aventurar. Está decidido: vou mudar de emprego." Toma sua decisão com conhecimento de causa. Ela se sente forte. Não por estar segura de que tomou a decisão certa. Mas simplesmente por ter se decidido.

A aceitação da incerteza é a primeira etapa dessa metamorfose interior, dessa sabedoria da decisão. Mas a aceitação pode tornar-se verdadeiro consentimento, passando então a uma forma especial de satisfação, e talvez até de alegria. Podemos até chegar a amar a ideia de que uma decisão possa não ser a certa. Porque essa possibilidade nos lembra de que tivemos a audácia de tomar uma decisão arriscada e de que a vida não é uma ciência exata. Quanto mais consentimos na possibilidade do erro, mais nos sentimos como sujeitos livres e capazes de decidir. Aumentar a confiança em si é aprender a amar sua liberdade em vez de ter medo dela. Há uma especial alegria em sentir-se capaz disso.

Na tradição filosófica, o pensador que ressaltou de forma mais brilhante essa diferença entre escolher e decidir foi Kierkegaard. O autor do *Diário de um sedutor* usa essa distinção para definir sua própria fé. Nela vê um "salto metarracional": um salto para além da razão, para além da escolha racional. Em outras palavras, uma decisão pura. Ele zomba daqueles que pretendem "escolher" Deus, reduzindo a fé a uma questão de argumentos, de valores ou, pior, de demonstração racional. Em sua opinião, eles carecem de confiança, tanto em si quanto em Deus. Eles não são livres. Para um místico como Kierkegaard, é pura loucura acreditar em Deus: a mais bela das loucuras, é verdade, mas, de qualquer modo, loucura. Ele poderia ter feito esta afirmação de Pascal: "Deus não se prova, se sente." Não temos nenhuma "razão" para acreditar em Deus. Considerando a violência da história, a inventividade dos homens para praticar o mal, teríamos antes boas razões para não acreditar nele. Mas é então, continua Kierkegaard, que estamos verdadeiramente *livres* para crer nele, para decidir que ele existe. Se a existência de Deus fosse demonstrada por um raciocínio científico, por um sistema de equações ou pela harmonia do mundo, não seria mais uma questão de acreditar nele: a certeza de sua existência derivaria de um saber. Mas se nada prova sua existência, se não podemos nos apoiar em nenhum argumento objetivo, então só podemos confiar em nós mesmos para acreditar. Ao afirmar que a fé deriva de uma decisão, e não de uma escolha, Kierkegaard a liberta da sujeição aos dogmas e argumentos: ela se torna assunto de um coração livre, de pura confiança. Ele nos diz também algo de essencial: quanto mais a decisão se afasta de uma simples escolha racional, mais ela exige que saibamos confiar em nós mesmos.

Quando atinge seu ponto de incandescência, essa autoconfiança se une a uma confiança em uma coisa exterior a nós mesmos. Para o crente Kierkegaard, a confiança em si é, ao mesmo tempo, uma fé em Deus. Mas poderia ser também uma confiança no futuro, nos outros, na vida…

Decidir é se fazer presente no coração do incerto, no coração da própria vida. Toda vez que tomamos uma decisão com plena consciência de nosso ato, aprendemos um pouco mais a ter confiança em nós mesmos.

Desse ponto de vista, as pequenas coisas do cotidiano nos parecem oportunidades para treinar. Elas constituem uma espécie de prática, de preparação para as grandes decisões. Para decidir mais rápido, exercitemo-nos na aceitação de nossa dúvida, e não em sua negação. Estamos na frente do espelho de manhã: vestido ou calça? Esta camiseta ou aquela blusa? Este jeans fica bem em mim ou não? A pergunta cabe, mas precisa nos tomar tanto tempo? Estamos em nossa mesa de trabalho: em um post-it, uma lista de coisas a fazer. Por qual começar? Por mais simples que isso possa parecer, a aprendizagem da confiança em si passa por esse treinamento: aprender a decidir mais rapidamente no que toca às pequenas coisas. A cada vez, aprendemos a confiar em nossa liberdade. Se não somos capazes de tomar decisões quando se trata de coisas menores, como conseguiremos nos decidir quando estiver em jogo algo muito maior? Quanto mais soubermos decidir, mais ganharemos confiança em nós mesmos, e mais essa confiança alimentará nossa capacidade de decidir, como um verdadeiro círculo virtuoso. E, inversamente, quanto menos conseguirmos decidir, mais nos parecerá difícil encontrar forças para fazê-lo. E então é a vida que faz isso... "Não existe problema que uma falta de solução não termine por resolver", gracejava Henri Queuille, presidente do Conselho de Ministros da França. Não decidir nada é uma forma de decisão, mas a mais pobre e mais contraproducente que há.

Dever-se-ia ser mais ensinado como tomar decisões. As oportunidades não faltam. No ensino médio, para dar apenas um exemplo, muitos professores que pedem aos alunos dissertações com livre "escolha" dos diversos temas propostos poderiam insistir sobre o fato de que se trata, principalmente, de aprender a tomar decisões, e a fazê-lo rapidamente. Eles poderiam dizer a seus alunos: "Não é porque o tema é bom que vocês o escolhem, é por vocês o escolherem que o tema se torna bom." Com isso, eles ajudariam os alunos que carecem de confiança em si e perdem tempo demais em "escolher" seu tema, pesando longamente os prós e os contras, como se, de repente, pudesse surgir um argumento indiscutível em favor de tal ou qual tema.

Como explicar que, ainda hoje, um "tomador de decisões" políticas ou econômicas tenha cursado sucessivamente o Instituto de Ciências Políticas de Paris (Sciences Po) e a Escola Nacional de Administração (ENA) sem ter tido um só curso sobre a tomada de decisões? Cursos como esse existem em diferentes institutos de estudos políticos, mas são opcionais. Nas escolas de comércio, há alguns anos que se criaram cursos sobre tomada de decisões, mas, muitas vezes, denominados "ciências da decisão", o que parece indicar uma confusão com a lógica da escolha. "Arte da decisão" seria muito mais adequado...

Devemos ensinar aos nossos filhos, o mais cedo possível, a diferença entre escolher e decidir. Devemos dizer-lhes que não precisam esperar resolver as dúvidas para tomar uma decisão. Sua liberdade é seguir em frente, apesar da dúvida. Devemos lembrar-lhes que os heróis que fizeram a humanidade avançar se puseram em ação sem ter certeza do resultado: Gandhi, De Gaulle, Martin Luther King... eles tiveram a audácia de enfrentar o incerto. Ensinemos aos nossos filhos que eles têm esse poder, essa soberania no incerto. Podemos fazer com que sintam o mesmo em relação às coisas muito simples. Eles hesitam entre dois presentes, entre dois ateliês, dois amigos a convidar... Não hesitemos em dizer-lhes francamente: "Vá em frente, decida-se. Você não terá mais elementos amanhã, nem dentro de dez minutos." E, mais importante: "Se você não decidir, alguém o fará por você. O que prefere? De todo modo, ainda que você se engane, a vida lhe terá ensinado alguma coisa. Tenha confiança em si, tenha confiança nela."

Toda vez que tomamos uma decisão, constatamos o quanto a confiança em si é, ao mesmo tempo, uma confiança na vida. De resto, em caso de erro, podemos corrigir a rota mais adiante. "O trajeto do melhor dos navios" — escreve Emerson — "é apenas uma linha quebrada formada por centenas de arestas." Quando o vento bate de frente, esse navio não tem escolha senão lidar com ele: deve seguir em zigue-zague para poder avançar. Somos como esse navio, obrigados a avançar feito caranguejos, para, em seguida, retificar a rota. "Errar é humano", diz o provérbio. Isso não significa simplesmente que devemos ser compassivos para com aqueles que erram, mas que o erro é a maneira propriamente humana de aprender. Cometer erros, depois corrigi-los: não se trata de uma maneira, entre outras, de avançar; é nossa única maneira. Para os animais humanos que somos, o vento bate sempre de frente.

Decidir é sair da própria zona de conforto. Em nossas existências, nossas profissões, nossas práticas, nossas relações com os outros, há muitas coisas que, felizmente, não temos de decidir. Muitas vezes, temos razões bastantes para simplesmente escolhê-las: temos controle bastante para não nos arriscar a decidir. Podemos descansar em nossos hábitos, nossas certezas. A questão toda é não deixar que essa mestria no ato de escolher obstrua nossa capacidade de decidir, de ousar essa forma de "não mestria", esse salto que é toda decisão. A mestria deve, ao contrário, alimentar e motivar nossa capacidade de decidir, dando-lhe uma base de apoio.

Nós nos tranquilizamos, depois nos arriscamos. Capacitamo-nos para escolher, depois ousamos decidir. A confiança em si é uma valsa em dois tempos.

6

Ponha a mão na massa
Fazer para ter confiança em si

> *Para ele, a matéria existe.*
> *Ela é pedra, ardósia, madeira, cobre [...].*
> *O verdadeiro gravador começa sua obra*
> *num verdadeiro sonho da vontade.*
> *É um trabalhador. É um artesão.*
> *Ele tem toda a glória do operário.*
>
> BACHELARD

É a história de Matthew B. Crawford, um intelectual brilhante, diplomado em filosofia, que ocupa, num *think tank* em Washington, um cargo de responsabilidade equivalente ao de um executivo de primeiro escalão. Em um ensaio apaixonante com o sugestivo título de *Éloge du carburateur* [Elogio do carburador], ele conta o quanto sua vida de escritório o deprimiu e como ele se pôs a duvidar de sua utilidade e de seu valor, antes de reencontrar a confiança, demitindo-se e abrindo... uma oficina de conserto de motos!

Crawford mostra o risco que corremos de perder confiança quando passamos nossos dias no escritório sem saber exatamente o que *fazemos* lá e sem poder observar os efeitos diretos de nossa ação. E, inversamente, o quanto o trabalho manual, o fato de "pôr a mão na massa" e observar sua ação modificar o real pode ser fonte de alegria, em termos tanto humanos quanto intelectuais. Com humor e elegância, ele compara as alegrias propiciadas pelos seus dois trabalhos sucessivos e faz um impressionante elogio do trabalho manual em geral, e o do mecânico, em particular — trabalho manual não destituído de espírito e até mais enriquecedor, do ponto de vista intelectual, do que muitos trabalhos menos manuais. A partir dessa sua mudança de rota, ele resgata a experiência daqueles que trabalham na fabricação ou no conserto de objetos — ofícios em via de extinção em um mundo em que só se compra, joga fora e substitui. Ele fala de seu prazer em enfiar a mão na graxa, fazer uma coisa tangível, a sensação de responsabilidade imediata que o domina quando o dono de uma moto lhe entrega sua máquina, sua satisfação quando supera as dificuldades do conserto, o sentimento de confiança que então aflora e, por fim, a alegria partilhada quando o proprietário vem pegar a moto, a felicidade do que ele chama de "face a face" com o cliente.

"O homem fica feliz e satisfeito" — escreve Emerson — "quando trabalhou com todo entusiasmo e empenho, e fez o seu melhor. Mas o que ele disse ou fez de outra maneira não lhe trará a paz." Surpreendentemente, é consertando motos que o intelectual Crawford encontra essa atividade que lhe permite "trabalhar com todo entusiasmo e empenho", "fazer o seu melhor". O que não acontecia antes. Muito bem situado na hierarquia em seu influente *think tank*, ele passava o tempo a administrar suscetibilidades e disputas de poder. Seu trabalho consistia em ler e sintetizar artigos universitários, e, principalmente, interpretá-los para que se ajustassem à linha política do *think tank* em que trabalhava. Com essa experiência pessoal, ele vivenciava uma forma de alienação partilhada por muitos de nós: executar tarefas que nos parecem sem sentido. Identificava também outro problema comum: obrigado a produzir suas sínteses continuamente, não podia ler os artigos a fundo, cumpria mal as suas tarefas e nelas não encontrava nenhum prazer.

Consertando motos, porém, ele sente prazer em passar o tempo tentando reparar um defeito pertinaz, e o enfrenta efetivamente, refinando seu talento. Ele reencontra, então, o que sentia quando tinha catorze anos e trabalhava como aprendiz de eletricista: o prazer de constatar os resultados daquilo que produziu. Ele conta que, depois de terminar uma instalação elétrica, nunca se cansava de acionar o interruptor, dizendo: "E a luz se fez!" Todos vivemos essa experiência; acabamos de instalar uma prateleira na parede, de consertar um móvel ou dar uma mão de tinta, e exclamamos, cheios de uma alegria desproporcional a esse pequeno sucesso: "E eis a obra!"

No mais das vezes, em nossos empregos, nos faltam ocasiões de nos alegrar assim; somos privados dessa alegria.

Crawford contrapõe a alegria que redescobriu no trabalho manual à ideologia dominante de sua época:

> A geração atual de revolucionários da gerência empenha-se em inculcar, à força, a flexibilidade aos assalariados e considera o etos artesanal como um obstáculo a eliminar. Essa ideologia prefere muito mais o exemplo do consultor de gestão, pulando freneticamente de uma tarefa a outra e orgulhoso de não possuir nenhuma competência específica. Tal como o consumidor ideal, ele projeta uma imagem de liberdade triunfante em comparação com a qual as ocupações manuais são consideradas miseráveis e acanhadas. Imagine, ao lado dele, o bombeiro hidráulico sob a pia, com o rego da bunda à mostra.

O que Crawford escreve é tanto mais pertinente quanto se considera que a realidade do novo modelo de gerência quase sempre está longe dessa imagem de "liberdade triunfante": grande número de consultores de gestão ou de executivos que nunca se agacham sob a pia se ressente justamente de não saber qual é sua função, de não perceber qual é sua verdadeira utilidade. Sua falta de autoconfiança se explica, assim, por uma razão muito simples: eles não podem contrapor às críticas eventuais uma realidade objetiva e palpável. Um padeiro sempre poderá objetar a seu chefe que fez um bom trabalho: o pão está lá, delicioso, basta experimentar para constatar isso. É muito mais fácil para os artesãos terem autoconfiança: seu talento se concretiza de forma objetiva, tangível, no produto de seu trabalho (muitas vezes, eles ganham a vida melhor que certos empregados do setor terciário). Todos nós já conhecemos bombeiros ou eletricistas como esses, um pouco rudes. Eles não precisam de elogios nem que se diga que gostamos deles. O vazamento foi consertado, a luz voltou: para eles, é o que basta.

Lendo-se o ensaio de Crawford, avaliamos melhor aquilo de que sofremos atualmente. Nós fazemos — literalmente — cada vez menos coisas, tanto na vida doméstica quanto na profissional. Quando nosso carro entra em pane, nós o deixamos com o mecânico, que também passa mais tempo diante de telas de controle que apertando parafusos. Em breve não iremos nem mais levá-lo à oficina, pois os veículos não precisarão de motoristas. Quando nosso telefone ou nosso computador apresentam algum problema, programas de reparação começam a funcionar automaticamente. E quando as atualizações já não dão conta do recado, nós os jogamos fora e compramos um novo. Para nos aquecermos, agora temos o hábito de ligar o ar-condicionado. Já não precisamos mais daqueles gestos simples que, não faz muito tempo, compunham o cotidiano de um ser humano: cortar lenha, carregar as achas, dispô-las para acender o fogo, soprá-las para manter a lareira acesa. Quando queremos achar um caminho, não abrimos mais um mapa, nem paramos alguém na rua para pedir ajuda: obedecemos às instruções de nosso GPS. Assim, perdemos o contato imediato com as coisas. Ultraconectados graças aos nossos aparelhos digitais, cada vez mais desconectados com o mundo do "fazer". Nosso polegar desliza pela superfície de nosso smartphone, nós deslizamos na superfície das coisas. "O homem civilizado construiu uma carruagem", escreveu Emerson, "mas perdeu o uso dos pés. Ele se apoia em muletas, mas lhe falta o apoio dos músculos." É difícil ter confiança em si quando já não se sabe andar. Basta ver o nosso pânico quando nosso iPhone trava. Sem nossas muletas digitais, não sabemos mais como avançar.

Interrogado recentemente sobre a principal mudança de nosso tempo, Michel Serres respondeu sem hesitar que é o desaparecimento do mundo campestre. Esse desaparecimento leva consigo bem mais que aquelas e aqueles que trabalhavam na terra: esse mundo que não existe mais é o mundo em que os homens faziam e sabiam o que faziam. Esse mundo em que, depois de ter trabalhado, eles podiam ver o fruto de seu trabalho. Daí derivavam seu orgulho, sua identidade e, quando a sorte lhes era contrária, um pouco da confiança perdida.

O marceneiro que constrói uma mesa de madeira sabe o que faz. Da mesma forma, o padeiro que sova a massa e a põe para assar. Quanto mais prazer ambos sentem na tarefa, mais a fazem bem, sentem mais alegria no trabalho na medida em que se aprimoram. Ambos têm satisfação em agradar aos clientes, que voltam porque reconhecem seus talentos.

É dessa simplicidade, desse reconhecimento direto e imediato de nosso trabalho que estamos sendo, pouco a pouco, despojados. No escritório, pomos menos "a mão na massa" e passamos a maior do tempo em reuniões ou diante de nossos computadores, a cuidar da correspondência eletrônica ou a preencher planilhas. Buscamos atingir objetivos que raramente têm relação direta com a qualidade do produto final. Acontece mesmo de não vermos nunca esse produto final, ou de não termos nenhum desejo de vê-lo. Assim, não nos reconhecemos nele. Somos avaliados com base na consecução de objetivos intermediários estabelecidos pelos *managers*. Devemos respeitar *processes*, verificar o trabalho de nossos subalternos e prestar contas aos nossos superiores. É difícil, nesse contexto, dizer ao certo qual é o nosso ofício. Quando, à noite, um artesão fala de seu trabalho ao filho, este compreende o que o pai fez de seu dia. Muitos filhos de executivos, ao contrário, não compreendem o trabalho dos pais. Uma menina de sete anos me disse, quando eu ministrava uma oficina de filosofia no primeiro ano do curso básico: "O trabalho de minha mãe é a reunião."

Que significado pode ter então um "trabalho bem-feito"? Ainda se pode falar de *savoir-faire*, o saber fazer, ter conhecimento? De que podemos nos orgulhar se não sabemos o que fazemos? Como podemos ganhar confiança em nosso talento se já não sabemos de que talento se trata? O estresse no trabalho, o aumento do número de *burn out* [síndrome de burnout] ou de depressão se deve, em grande medida, ao desaparecimento dos ofícios. Com o triunfo dos *processes* e a corrida aos objetivos intermediários, o critério de êxito palpável se torna o dinheiro... Mas é uma compensação ilusória. O sentimento de nada fazer de tangível não pode ser apagado por uma remuneração melhor e a possibilidade que ela dá de consumir mais. Se assim fosse, não haveria tanto *burn out* entre os assalariados bem pagos.

A confiança em si é filha do prazer: do prazer que nos proporciona aquilo que fazemos bem. Se não "fazemos" mais nada, se nossos ofícios perderam o que tinham de essencial, se eles não nos permitem mais desenvolver um verdadeiro *savoir-faire,* então nos encontramos privados do prazer elementar de fazer, e, portanto, de nós mesmos, *alienados*, perdendo toda a autoconfiança.

O mundo do trabalho atravessa uma dupla crise: os operários e empregados estão sob a ameaça permanente de serem substituídos por máquinas; os executivos, absorvidos por *processes* que os fazem perder sua liberdade e os distanciam de seu ofício. As crises de confiança individuais, os *burn out*, germinam nesse terreno civilizacional.

Segundo Aristóteles, um bom trabalho deve poder proporcionar prazer àquele ou àquela que o executa, e sua excelência deve ser passível de ser julgada de forma direta pelos outros. Em uma sociedade ciosa do "bem viver", afirmava ele, todos deveríamos ter um trabalho, uma profissão conforme a esses critérios.

Nos *Manuscritos econômicos e filosóficos de 1844,* Marx assim define o trabalho ideal: "Em minha produção, eu realizaria minha individualidade, minha particularidade; trabalhando, eu sentiria a alegria de uma manifestação individual de minha vida, e na contemplação do objeto eu teria a alegria de reconhecer minha personalidade como um poder real, concretamente perceptível." Atentemos bem para os termos empregados pelo autor de *O capital:* "realizar sua individualidade", "sentir a alegria de uma manifestação individual de sua vida", "ter a alegria de se reconhecer"... Esses termos são bem sugestivos, metáforas outras da confiança em si. Quantos de nós têm a sorte de exercer profissões que proporcionem isso?

Essa falta de relação concreta com o "fazer" e a dificuldade em nos reconhecer nos produtos de nosso trabalho decerto contribuem para a nossa angústia. Para nos libertarmos dessa angústia, basta *fazermos* alguma coisa, muitas vezes até uma coisa muito simples. O simples fato de pormos a mão na massa, independentemente do resultado obtido, já tende, na essência, a nos dar confiança. Há algo de espantoso nisso. É que nossa angústia é sempre, de modo mais ou menos oculto, uma angústia de morte. Ora, trabalhando a matéria, encontramos uma realidade em que nos apoiar, uma coisa tangível e tranquilizadora. Por si só, essa matéria transformada prova que estamos vivos e, se foi transformada de modo satisfatório, que nós temos talento. Mais ainda, se obtemos com nosso trabalho um reconhecimento de nosso valor, podemos suportar mais facilmente a perspectiva da morte: nosso valor não morrerá… Quando não fazemos nada ou não podemos obter um reconhecimento direto por nosso trabalho, ficamos mais expostos à angústia de morte.

"Não é por ter mãos que o homem é o mais inteligente dos seres" — escreve Aristóteles no *Partes dos animais* —, "mas é por ser o mais inteligente dos seres que ele tem mãos. Com efeito, o ser mais inteligente é aquele capaz de usar o maior número de instrumentos: ora, a mão parece ser não um instrumento, mas vários." Crawford pôs em prática o que Aristóteles descobriu há 24 séculos. Ser inteligente é usar as mãos! Usá-las com inteligência. A mão é um prolongamento da razão. Essa ideia simples é de uma profundidade infinita: se nossa inteligência se prolonga em nossas mãos, é lógico que, de tanto deixar de usá-las, terminaremos por duvidar de nós mesmos. À força de nada fazer com as mãos, perdemos a autoconfiança: somos privados de nossa verdade, de nossa natureza de *Homo faber*.

Nossa natureza, como explica Bergson, é, antes, a de um *Homo faber* que a de um *Homo sapiens*. Nosso ancestral *Homo sapiens* era mais um fazedor (*faber*) que um sábio (*sapiens*). O homem se caracteriza menos por sua sabedoria que pelo fato de fabricar instrumentos e, graças a esses instrumentos, coisas. Nossa inteligência não é uma inteligência abstrata, mas uma inteligência que fabrica. O *Homo faber* é o homem que trabalha com suas mãos inteligentes, que fabrica e usa instrumentos. Fabricando coisas, nós nos fabricamos a nós mesmos. Assim, as diferentes idades da humanidade têm nomes relacionados com os instrumentos que nos mudaram e nos fizeram progredir (idade da pedra, do bronze…). Nós somos feitos para construir, manipular, produzir, pôr nossas faculdades à prova no contato com o mundo, trabalhar a matéria para trabalhar a nós mesmos, para trabalhar nosso talento. É na relação com a matéria que nosso espírito revela sua verdade. Eis por que nos sentimos perdidos, estranhos a nós mesmos quando não fazemos mais nada com nossos dez dedos. A retomada do gosto pela cozinha, pela bricolagem e por todas essas atividades manuais tem raízes profundas.

Já há alguns anos, um número significativo de jovens formados em escolas de comércio ou executivos de grandes empresas decide voltar-se para o artesanato. Eles fazem um curso profissional para padeiro, pasteleiro, marceneiro… e tentam a sorte. Deixar sua pasta executiva para abrir um restaurante ou abandonar uma carreira de *executive woman* para se tornar queijeira já não tem nada de excepcional.

E, sem chegar a mudar de vida, depende apenas de nós pôr a mão na massa um pouco mais. Exercitar-se em pintura ou cerâmica, dedicar-se à bricolagem, cultivar o jardim, são tantas ocasiões de recuperar essa alegria de fazer, e fazer bem. Fazer com as próprias mãos, com sua inteligência e seu coração: eis a promessa de uma confiança redescoberta.

7 Passe à ação
Agir para ganhar confiança

> *O segredo da ação é pôr-se em ação.*
> ALAIN

Um jovem se prepara para viver uma noite de amor. Ele treme: é sua primeira vez. A mulher deitada a seu lado o impressiona. Ele sonha com ela há tanto tempo e a imagina tão experiente... É agora. Mas ele não tem nenhuma experiência. De onde, pois, virá a sua confiança? Da ação, antes de tudo. Carícias, beijos bem reais. Esse real ele o tem na concha da mão, em contato com seus lábios. É começando a entrar no jogo das carícias, e depois fazendo amor, que ele vai de fato ganhar confiança em si. Não antes disso! Sua confiança vem de sua relação com ela, do laço tecido junto com ela. Se ele banca o homem experimentado, corre o risco de se ver fechado em si mesmo, de não encontrar ponto de apoio na relação e perder suas faculdades. Se, ao contrário, lhe confessa ser sua primeira vez, poderá se deixar guiar por ela: então, sua confiança virá dela. Virá dela para se tornar sua. É o próprio mecanismo da confiança em si: uma apropriação progressiva que só a ação torna possível. Eu gostaria tanto de ter sabido, à época...

Quantos rapazes falham em sua primeira vez por ficar obcecados pela performance, encerrados em seu monólogo interior, contando apenas consigo mesmos para conseguir? O bloqueio os pune por não terem tido confiança bastante na relação, por não terem se entregado totalmente a ela, ao momento presente. O bloqueio os pune por terem limitado a confiança a uma confiança apenas em "si". Quando agimos no mundo, não estamos sós. Se há um terreno em que somos obrigados a nos lembrar disso é o da sexualidade. Mais do que em qualquer outra instância, somente a ação liberta.

Psicólogos, professores, treinadores esportivos, teóricos da "psicologia positiva"... todos são concordes em dizer que a confiança em si se desenvolve na ação. Mas, muitas vezes, insinua-se um mal-entendido nessa ideia. Se a confiança em si se conquista na ação, não é pelo fato de ser uma confiança apenas em um "si" puro, separado do mundo, como uma mônada dotada de qualidades essenciais que devêssemos desenvolver na ação. Ela é uma confiança no *encontro* entre o eu e o mundo. Um encontro sobre o qual não teremos o controle absoluto, e que nos reservará surpresas, será necessariamente rico em ensinamentos. Agindo, descobrimos no real oportunidades novas, recursos insuspeitados, que nossa ação contribui para trazer à luz. Acontece também de, no curso da ação, encontrarmos os outros, a solução vir deles, e a coisa terminar sendo menos complicada — ou simplesmente estarmos com sorte! Portanto, não é apenas em "si mesmo" que se deve ter confiança, mas no encontro consigo e com os outros, consigo e com o mundo — que só a ação torna possível.

A nuance é decisiva e pode ser libertadora. Quando a falta de confiança me paralisa, corro o risco de me ver na contingência de "ir em frente" como um imperativo paradoxal: talvez confiança venha da ação. Se não tenho confiança em mim, porém, como vou conseguir me pôr em ação? Posso me sentir aliviado de um peso, e encontrar ânimo para agir, compreendendo que não é apenas em mim que devo confiar, mas nesse encontro entre mim e o mundo. Confiar nas consequências desse encontro, às vezes felizes, às vezes nem tanto, muitas vezes inesperadas.

Defender uma filosofia da confiança é também lembrar o primeiro princípio da sabedoria estoica: nem tudo depende de nós. O pensamento estoico, de Marco Aurélio a Sêneca, baseia-se nessa distinção. Naturalmente, devemos agir, tanto quanto possível, sobre o que depende de nós. Ter confiança em si, porém, é ter igualmente confiança naquilo que não depende de nós e que nossa ação pode pôr em movimento. Muitas vezes, quando carecemos de confiança, quando nos cobramos demais, estamos fazendo uma ideia errada das coisas. Não estamos sendo estoicos o bastante, e pressupomos que tudo depende de nós. Não há maneira mais certa de "falhar" na sua primeira vez.

Busquemos o exemplo dos homens e mulheres de ação, dos aventureiros, dos pioneiros, dos empreendedores. Ainda que muito tenham meditado antes de se lançarem, eles têm confiança na ação em si mesma, em tudo o que ela vai produzir no real, de forma direta ou indireta. Eles sabem que sua ação terá o poder de reconfigurar seu mundo, de criar outras oportunidades que precisarão saber aproveitar. Mesmo empenhando-se em controlar da melhor forma aquilo que não está sob sua dependência, sabem o peso do que não depende deles e que, portanto, poderá surgir como um obstáculo ou como um facilitador. Eles estão preparados para isso. Por mais que tenham elaborado o itinerário mais detalhado, o mais preciso *business plan*, sabem que o próprio curso da ação modificará os parâmetros, que será preciso, talvez, mudar de rota para evitar uma tempestade ou tirar partido de um tempo mais ameno, lançar um novo produto corrigindo os defeitos do primeiro ou, ao contrário, apostar mais no que acaba de ser lançado — em suma, ficar à escuta dos outros e do mundo. Tal é o verdadeiro espírito da empresa: saber prever, gostar de prever, gostar também do fator de incerteza que há nisso.

Vistos de longe, muitos empresários ou aventureiros parecem verdadeiros blocos de confiança. Olhando de perto, muitos não escondem nem suas dúvidas, nem seus fracassos passados. Mas eles têm confiança na ação, em tudo o que pode acontecer quando se dá o encontro com o mundo. Como Marco Aurélio, sabem que o resultado do encontro não depende só deles. E não se resignam a essa fatalidade: eles a acolhem.

Muitas vezes, observei que homens e mulheres animados de um espírito empreendedor gostam de fazer o papel de intermediários, sem ter nisso um interesse direto, simplesmente porque talvez lhes pareça que tal encontro poderia ser interessante, criar novidade. Eles gostam de apostar no incerto, estar na origem de uma aventura que terá, talvez, um belo futuro. Como todos os audaciosos, sabem que se pode gerar a sorte.

Um jovem funcionário que solicita uma reunião com seu superior para pedir que lhe sejam passadas mais responsabilidades, um jovem cineasta que bate à porta de um diretor de cinema que ele admira para lhe submeter seu trabalho — esses homens e mulheres que ousam dar o primeiro passo... não nos deixemos enganar quanto ao sentido de sua audácia. O fato de passarem à ação não traduz necessariamente a pura confiança neles mesmos, preexistente à ação. Antes de tudo, eles têm confiança na própria ação.

Antes de se tornar uma das romancistas mais lidas de sua época e de ganhar cerca de cinquenta prêmios literários, Isabel

Allende cresceu no Chile onde, quando ela manifestava seu desejo, respondiam-lhe que era impossível, por ser uma moça. Era sobrinha do presidente Allende, mas, de todo modo, uma moça. Cresceu com esse grande sentimento de injustiça, num mundo de homens, sem um só exemplo de mulher em quem se inspirar. Jovem jornalista, mandaram-na entrevistar o poeta Pablo Neruda, e ela teve a audácia de não seguir o roteiro das perguntas. Deu livre curso a sua espontaneidade. Conta que Neruda a interrompeu com estas palavras: "Escute aqui, você mente o tempo todo, inventa histórias, põe na boca das pessoas coisas que elas não disseram. No jornalismo, isso é um defeito, mas em literatura, uma virtude. Por isso, é melhor se dedicar a escrever ficção, minha filha." Talvez nunca tivesse se tornado romancista sem esse encontro. Antes de se aventurar, porém, ela hesitou, por achar que lhe faltava autenticidade. Seguiu em frente não porque tinha confiança em si. Mas foi pelo fato de seguir em frente que ela se libertou. Foi durante aquela conversa que ganhou confiança. Os atores que sentem medo vivem, a cada vez, a mesma experiência: somente ao subirem ao palco, ganham confiança. Não antes.

Se fracassarmos ou se não vencermos do modo como desejávamos, pelo menos teremos tentado. Eu vejo isso todo dia em meus alunos: não tentar leva, pouco a pouco, à perda de confiança. Às vezes, eu lhes peço para discorrer, oralmente, quase de improviso, sobre um assunto muito difícil. Os que se arriscam a fazê-lo vão ganhando, pouco a pouco, confiança em si, ainda que não consigam superar a dificuldade do exercício. Aos olhos dos demais, eles aparecem como aqueles que tentaram, que se lançaram, o que já é um motivo de orgulho. Na tentativa, eles se descobrem capazes de ideias novas, de intuições de que não suspeitavam. Eles não precisam se sair bem no exercício para nele encontrar motivos de satisfação. Inversamente, os que continuam se negando a tentar nunca ganham confiança em si: recusando-se a arriscar, negando-se ao embate com o real, não têm a menor chance de encontrar o que poderia desbloqueá-los. Caem, então, num círculo vicioso: furtando-se a aventurar-se na ação, privam-se das virtudes libertadoras da ação, e sua ansiedade só tende a aumentar.

Compreender as virtudes da ação implica não defini-la simplesmente como o que vem *depois* da reflexão. Somos filhos de séculos de platonismo ou de racionalismo ocidental, de desvalorização da ação em proveito de atividades intelectuais ou contemplativas. Daí nossa dificuldade de entender a importância capital da ação. Ainda que a reflexão deva sempre preceder a ação, esta última não pode ser considerada menos importante que o pensamento. Do contrário, seremos incapazes de encontrar a confiança quando tivermos de agir: só pararemos de tremer quando a nossa reflexão tiver sanado todas as incertezas, o que nunca haverá de acontecer. O agir nunca é simplesmente pôr em prática um projeto longamente amadurecido. Ele é o encontro de um sujeito não especialmente seguro de si mesmo e de um mundo em parte previsível, mas apenas em parte. A verdade da ação não reside, pois, na reflexão que a precede: ela só pode se encontrar na própria ação. "O segredo da ação é pôr-se em ação!", repetia Alain.

Não nos esqueçamos de que, desde o início dos tempos, para sobreviver nesta terra em meio aos perigos que nos ameaçavam, tivemos de agir e reagir. Somos filhos de milhões de anos de evolução, bem mais do que de alguns séculos de platonismo. Todos nos damos conta disso quando, usando de violência contra nós mesmos, tomamos nossa coragem com as duas mãos, quando conseguimos vencer nosso medo e abordar um ser que nos impressiona ou para tomar a palavra em público: o simples fato de nos pôr em ação revela em nós esse ser primitivo, essa combatividade primordial, tão decisiva para ganhar confiança.

Muitas vezes, psicólogos, professores e treinadores que valorizam a ação como meio de desenvolver a confiança em si deixam de pôr a devida ênfase nessa definição da ação como encontro com o mundo, com os outros ou com o real. Eles apresentam a ação sob uma luz por demais voluntarista: como um simples meio para tomar a medida das próprias capacidades, desenvolver seu *savoir-faire*. Muitas vezes, eles a reduzem a um campo para o treino da vontade. Mas agir é mais que treinar; é encontrar o mundo. Nada nos garante que o mundo não será mais brando conosco que o previsto. Agir é se dar uma chance de ter boas surpresas: é se dar uma chance de experimentar a complacência do mundo.

Apresentar a confiança em si como uma filosofia da ação é propor uma leitura existencialista, não essencialista. Em uma perspectiva essencialista, ter confiança em si seria acreditar na essência de seu "eu", em alguma coisa no fundo de nós que seria como um núcleo indivisível, um ego imutável e soberano. Essa ideia, veiculada em vídeos do YouTube, sobre a confiança em si, é problemática.

Nada nos diz que tal essência do eu existe, que haja em nós esse "ser" essencial e fixo. Se existe um consenso entre a psicanálise freudiana, a filosofia contemporânea, as neurociências e a psicologia positiva, é a ideia de a identidade ser múltipla, plural, proteiforme. E eis o que tranquilizará aqueles que dizem sofrer de falta de confiança em si: seu "eu" fixo e imutável não existe! Assim sendo, não podemos "ser" nulos porque nós não "somos". No mais das vezes, nossas crises de confiança têm origem em traumas infantis: fomos depreciados, humilhados publicamente, reduzidos a seres medíocres. A distinção filosófica clássica entre o ser e o devir pode, nesse caso, nos libertar. Nós não somos, apenas nos tornamos. Não temos confiança em nós? Não é grave: tenhamos confiança naquilo em que podemos nos tornar.

Ver a consciência "em si" como uma confiança em nosso ser, em sua essência ou em seu eu profundo é correr o risco de passar ao largo da beleza da existência.

Nossas existências são apaixonantes não porque nos permitem desenvolver progressivamente as capacidades de um eu que, desde o princípio, conteria tudo, mas porque elas nos dão a oportunidade de nos inventar e nos reinventar, de ricochetear e nos dividir, de descobrir em nós novas potencialidades. E ainda bem: nossa liberdade tem esse preço. Se a existência se limitasse a desenvolver as possibilidades de um eu, de uma "essência", então, com efeito, a "essência" precederia a "existência". Quando Sartre afirma que "a existência precede a essência", ele quer dizer que existimos antes de tudo. É nessa existência que devemos confiar, não em uma essência hipotética que, segundo Sartre, advirá enfim no dia de nossa morte, quando já nada poderemos acrescentar a nossa história.

Existir é se lançar à água, ir ao encontro dos outros e do mundo, dos obstáculos que podemos transformar em oportunidades, desde que mudemos nosso olhar. Muitas coisas são passíveis de se dar a partir do momento em que nos pomos em movimento: podemos fazer atuarem tantas forças, encontrar tantos homens ou mulheres capazes de nos ajudar (às vezes involuntariamente), que a própria expressão confiança "em si" perde o sentido.

Agir é convidar o eu para a roda da existência, convidá-lo antes a sair de si que a se persuadir de que ele contém em si a essência pura de seu valor. Convidá-lo antes a "se manifestar" do que a se encolher. É o sentido da obra maior de Sartre, *A transcendência do ego*. O valor do ego é "transcendente": ele se manifesta e se conquista fora do ego, na capacidade de agir, de tecer relações com os outros, de tomar parte no turbilhão da vida.

Não tenham, portanto, confiança em si mesmos: tenham confiança em tudo o que sua ação é capaz de criar, oferecendo-lhes um ponto de contato com o mundo; tenham confiança tanto no que depende de vocês quanto no que não depende; tenham confiança na realidade que sua ação já está transformando; tenham confiança na oportunidade que sua ação poderá fazer surgir; tenham confiança nos homens e mulheres que vocês encontrarão e que lhes darão, talvez, ideias, conselhos, esperança e, por que não, amor.

8 — Admire
Confiança e exemplaridade

Eu nunca poderia ler um filósofo que não fosse, ao mesmo tempo, um exemplo.

NIETZSCHE

Ela tem 28 anos quando publica, em 1832, seu primeiro romance, *Indiana*, que escreveu em um mês e meio, e que foi saudado por Balzac e por Chateaubriand. Hugo e Musset não tardarão a se unir ao concerto de elogios. A estreia na literatura de George Sand, batizada sob o nome de Aurore Dupin, é estrondosa. Mesmo o crítico mais implacável de seu tempo, Sainte-Beuve, tendo lido seu segundo romance, publicado alguns meses depois de *Indiana*, curva-se diante de seu talento e compara George Sand a Madame de Staël. Em seus primeiros romances, ela defende o direito das mulheres à paixão e as convida a saírem da "opressão doméstica". Ela não exprime sua audácia apenas em seus romances, em seu estilo e seus temas. Sua vida privada dá testemunho disso. Para saciar sua sede de escrita e seu ideal de liberdade, ela ousa pedir o divórcio ao marido, um jovem barão com quem tem dois filhos. Ela não tem muito do que reclamar do marido, a não ser que se entedia com ele, que o casal não tem uma relação de verdadeira cumplicidade e que ele nada entende de literatura. É preciso recuperar o contexto para avaliar o que essa decisão representa. À época, o divórcio é ilegal, e os bens de George Sand, principalmente sua bela propriedade familiar de Nohant, pertencem, desde o dia de seu casamento, a seu esposo, o barão Dudevant. George Sand irá até o fim. Ao cabo de um longo processo, ela conquistará o direito de divorciar-se e, mesmo, de recuperar sua residência de Nohant, onde escritores, pintores e figuras políticas vão jantar e se hospedar. Nesse meio-tempo, ela viveu em Paris com seu amante, Jules Sandeau: foi usando parte de seu nome que ela se tornou George Sand. Viajando entre países e também entre os homens, ela se torna amante dos maiores gênios do século — Musset, Chopin, com quem viverá nove anos, o gravurista Manceau, Prosper Mérimée... —, talvez também de algumas mulheres, sempre mantendo sua independência financeira e recusando-se terminantemente a ser sustentada. Sendo uma das inventoras do feminismo atual, ela recusa o status de "autora mulher" e quer ser julgada apenas por sua obra.

Na cena política, ela manifesta a mesma força de caráter. Republicana a partir de 1830, depois socialista, ela faz então a apologia de uma poesia da classe trabalhadora. Põe-se a escrever romances engajados, mais marcadamente sociais e políticos, que têm o mesmo sucesso dos romances "feministas", com seu elenco de heroínas inspiradoras (Indiana, Fadette, Consuelo...). O simples fato de mudar de gênero literário, de ousar a se renovar assim, é, por si só, uma prova de confiança. Autora prolífica, escreve também contos e peças de teatro, e durante toda a sua vida teve sucesso de crítica e de público.

Ao colaborar na *Revue des deux Mondes*, e tendo seus artigos sido considerados radicais em demasia, ela não hesita em criar sua própria revista — com o nome apropriado de *La Revue indépendante* —, com o filósofo Pierre Leroux. Jornalista militante, ela lança também um jornal, *La Cause du peuple*, que ganhará uma segunda vida, com o estímulo de Sartre, em 1968. Para coroar tudo isso, George Sand reivindica plenamente seu papel de mãe: muitíssimo preocupada com a felicidade dos filhos, ela avoca a si uma verdadeira "paixão por sua progênie", que consegue conciliar com seu amor pela literatura e por sua liberdade.

Diante de uma vida tão plena, transbordante de confiança em todos os campos, diante de tal capacidade de "seguir em frente" sem cessar, de ousar e de criar incansavelmente, não podemos senão nos perguntar: qual a fonte dessa confiança?

Examinando sua biografia, descobre-se um início de vida caótico. Seu pai morreu em um acidente quando ela tinha apenas quatro anos de idade, e sua avó disputa com sua mãe, quase analfabeta, o direito de criá-la. A avó tem ganho de causa: mulher rica e culta, herdeira do Espírito das Luzes, ela tem mais argumentos que sua nora, jovem viúva chucra e sem um tostão. Aos quatro anos, a pequena Aurore vive, pois, esse duplo dilaceramento: ela perde o pai e tem de se separar da mãe, que, em troca, recebe uma renda mensal. Ela é, por assim dizer, comprada de sua mãe por sua avó. Não havia como desenvolver confiança inquebrantável na vida... É verdade que ela crescerá sob a tutela dessa avó esclarecida, recebendo as lições de um professor humanista e vivendo uma verdadeira história de amor com a natureza em sua propriedade de Nohant, perdida em meio aos bosques que se compraz em explorar a cavalo. Isso não é pouca coisa, mas não basta para explicar como a jovem viria a se tornar uma mulher tão livre e audaciosa, capaz de se engajar no mundo com tanta confiança e coragem.

Conforme ela própria dizia, Aurore Dupin se tornou George Sand por ter sido uma grande admiradora. Passou todas as épocas de sua vida admirando figuras singulares, seres que tinham ousado se tornar eles mesmos. Foi em todos esses modelos inspiradores que ela encontrou a força para se afirmar. Como se a sua paixão pelo talento dos outros a tivesse autorizado a assumir o próprio talento. Toda a história de sua vida dá testemunho disso: admirar os outros a fez criar asas.

Criança, Aurore Dupin tinha uma admiração sem limites por sua bisavó, que ela não conheceu, mas que marcou o século XVIII: Louise Dupin. Ela não para de pedir a sua avó que lhe fale de sua bisavó e devora todos os escritos relacionados a ela. Mantendo um dos salões literários mais concorridos do Século das Luzes, a senhora Dupin era conhecida como "a feminista de Chenonceau". Próxima de Rousseau, que por ela se apaixonou, Dupin ilumina sua época com sua liberdade de pensamento, sua paixão pelas letras e pela filosofia. Segundo Rousseau, Dupin teria marcado a história das ideias se tivesse publicado os *Ensaios* em que trabalhava. "O espírito delibera e o coração conclui", escrevia ela, o que é uma boa definição de confiança em si e da arte da decisão… Aurore Dupin cresceu, pois, na admiração dessa erudita à frente de seu tempo, que costumava receber em seu salão os maiores espíritos do Iluminismo.

Mais tarde, jovem mulher, George Sand admira Marie Dorval, atriz de grande destaque que revoluciona o teatro clássico com sua atuação romântica, a um só tempo apaixonada e sensível. George Sand confessa-lhe sua admiração em uma carta aberta tão ardorosa, que lhe atribuíram, provavelmente sem razão, uma ligação amorosa. É bem evidente o que a pode inspirar na figura de Marie Doval e de sua bisavó: a liberdade, a audácia, o rompimento com a tradição, o engajamento feminista, as núpcias da inteligência com o coração…

Escritora consumada, George Sand admira Gustave Flaubert, com quem se corresponde, e o recebe duas vezes em Nohant. Ela fica fascinada pelo gênio de *Madame Bovary*, pela força evocadora de *Salammbô*, com a maneira pela qual, passando de *Madame Bovary* a *Salammbô*, Flaubert ousa se renovar. Quando este é atacado em razão dessa obra orientalista, George Sand toma sua defesa e lhe escreve: "Nada é menos próprio para afagar os hábitos de espírito da gente do mundo, das pessoas superficiais, das pessoas apressadas [...], isto é, da maioria dos leitores, que o tema de *Salammbô*. O homem que concebeu e realizou isso tem todas as aspirações e todos os fervores de um grande artista."

Mas aquele que ela mais admira e que se torna seu verdadeiro mentor intelectual é o filósofo socialista Pierre Leroux. Teórico de um "socialismo religioso", para quem a caridade cristã triunfaria aqui na terra, na sociedade real, ele encarna um humanismo ao mesmo tempo idealista e pragmático. Ela lhe admira a crença no progresso, a crítica fina da propriedade e, naturalmente, seu feminismo: Pierre Leroux é a favor da igualdade civil e social entre homens e mulheres e ao voto destas. Muito crítico da instituição do casamento, é também apóstolo da não violência.

Poderíamos alongar mais a lista daquelas ou daqueles que George Sand admirou, compreendendo cada vez mais quais as figuras que balizam sua trajetória intelectual, com as quais ela se identifica sucessivamente para se construir, encontrar a força para se inventar: mulheres livres, escritores que mudam de gênero literário, pensadores que se engajam… Tudo o que ela própria viria a se tornar, mas à sua maneira, seguindo seu próprio caminho.

A admiração de que falamos aqui não é a fascinação dos fãs por seus ídolos, mas uma admiração criativa, uma curiosidade profunda pela aventura de um ser que consegue tornar-se ele mesmo: um interesse pelo talento dos outros, tanto maior quanto este nos faz entrever a possibilidade de desenvolvermos nosso próprio talento.

Admirar não é venerar, não é esquecer-se na contemplação do talento do outro. É nutrir-se. Seguir o exemplo daqueles que ousaram seguir a própria estrela, para buscar a sua. O que nos diz o seu exemplo? Que é possível nos tornarmos nós mesmos.

Nós nos esquecemos disso tantas vezes… De resto, temos todos os motivos para duvidar. Diante do peso das convenções, das normas e dos *processes*, é grande a tentação do conformismo: é tão mais fácil se manter na trilha, não criar problemas.

Freud mostra isso de forma magistral em *O mal-estar na civilização*: uma sociedade constrói sobre a renúncia dos indivíduos a sua singularidade. Para existir sociedade, é preciso, antes de tudo, a norma. Daí o "mal-estar": os indivíduos bem sentem que essa norma triunfa ignorando todas as suas singularidades. É normal, pois, que soframos crises de confiança, a ponto de, às vezes, nos perguntar se é possível simplesmente ousarmos, um dia, nos tornar nós mesmos. Quando a dúvida nos domina, precisamos somente ter a prova, não pela via do raciocínio, mas de exemplos — que é sempre possível encontrar em nosso caminho. Exemplos admiráveis são sempre mais eficazes e libertadores que grandes discursos. A admiração pode nos salvar da crise de confiança: se aquilo foi possível, continua sendo possível.

Admirando sua bisavó, "a feminista de Chenonceau", George Sand sabe que uma mulher das letras pode se impor em um mundo de homens. Que é possível. Admirando Flaubert, ela sabe que um autor pode ter a coragem de ser fiel à sua busca e se renovar, com o risco de perder seus leitores. Se um dia ela viesse a duvidar disso, se se sentisse tentada a reproduzir sempre a mesma receita, bastaria lembrar-se de sua admiração por Flaubert para encontrar a força para enfrentar o medo.

Admirar é sempre admirar uma singularidade. Aliás, é nisso que admirar se distingue de respeitar: se todo mundo é digno de respeito, admiramos simplesmente aqueles que ousaram se tornar eles mesmos. E como o que admiramos é a singularidade de um ser, seria absurdo querer copiá-lo. Nós o admiramos porque é inimitável. E é por ser inimitável que ele nos inspira.

Quando escreve, George Sand não imita Flaubert. Ela não tem o mesmo estilo, não explora os mesmos temas, as mesmas obsessões. Mas a admiração que tem pelo autor de *Madame Bovary* a torna uma escritora melhor. Ela se inspira na maneira como Flaubert se tornou Flaubert para se tornar George Sand.

Recebendo Mérimée, Delacroix ou o príncipe Napoleão em sua residência em Nohan, ela não imita sua bisavó com seu salão em Chenoncau: não a imita, se nutre dela. Ela se inspira na maneira pela qual a senhora Dupin se tornou a senhora Dupin para se tornar George Sand.

Um grande exemplo é um grande exemplo justamente porque não pode ser imitado, afirma Nietzsche. Um grande homem dá àqueles que o admiram sonhos de grandeza: a exemplaridade é como uma ponte estendida entre uma singularidade e outra. Alexandre Magno inspira Napoleão porque este, não podendo imitá-lo, não tem outra escolha senão ser Napoleão. Da mesma forma, o desejo de criar obras-primas no artista nasce da consciência de que as maravilhas dos grandes mestres do passado são inimitáveis. Quanto mais George Sand compreende que Marie Dorval, Flaubert e Pierre Leroux são inimitáveis, mais se aproxima de sua própria estrela.

"Torna-te aquilo que és", diz o Zaratustra de Nietzsche. Mas, para isso, admire aqueles que o fizeram, admire e torne a admirar, não admire apenas uma pessoa, mas várias, cada uma das quais o nutrirá e o ajudará a avançar. Toda vez que você admira, contempla o brilho de uma estrela singular. A cada vez, você vê o brilho possível da estrela que está em você.

Nietzsche admirou bastante: um filósofo como Schopenhauer, mas também músicos como Wagner ou Liszt. Picasso confessa sua admiração por Velázquez, Goya, Manet. Madonna admirou Bowie, Tamara de Lempicka, Frida Kahlo. Philippe Djian confessa o que ele deve aos seus mestres Henry Miller, Richard Brautigan e Raymond Carver. Yannick Noah admirou seu pai, Arthur Ashe, Mike Tyson... Esses nomes falam por si: seguir o exemplo é tomar impulso. Admirar é sair de si para melhor voltar a si.

Atualmente, já não admiramos tanto. Prestamos atenção a frases ou seres que "fazem furor" nas redes sociais e ocupam o lugar outrora ocupado por aqueles que levaram anos desenvolvendo seu talento, buscando sua via singular e a conquista de notoriedade. Com o advento da telerrealidade em fins da década de 1990, adquirimos o hábito de ver, nas primeiras páginas dos jornais ou nos palcos dos talk-shows, homens e mulheres comuns, ostensivamente medianos, escolhidos não por seu talento, mas, ao contrário, justamente pela falta de um talento especial, para que o grande público possa se identificar com eles. Dar destaque a tantos seres sem qualidades é um fenômeno inédito na história da humanidade. Poderíamos ver nisso uma chance de ganhar confiança em nós mesmos: pelo menos esses "modelos" não são muito esmagadores... Mas é justamente o contrário. É desastroso não ter ninguém a quem admirar.

Quando assistimos passivamente a um programa de variedades vulgar, quando surfamos nas redes sociais de tal ou qual estrela da telerrealidade, quando nos deixamos absorver pelo *buzz* indigente produzido por uma delas, muitas vezes assumimos uma atitude irônica. É uma maneira de nos sentirmos mais seguros: zombando deles, lembramos a nós mesmos que mostramos interesse por pessoas desinteressantes, mas temos consciência disso. Nós nos permitimos simplesmente um momento de descontração, de relaxamento…

Essa ironia, porém, é uma defesa ilusória. É justamente por pensarmos que não somos bobos que o somos. Por achar que não somos bobos, aceitamos desperdiçar nossa atenção e nos deixamos contagiar por esse espetáculo sem interesse. É exatamente o que quer dizer o título do seminário de Jacques Lacan: *Os não tolos erram.* Acreditar que não somos bobos é a melhor maneira de nos acumpliciar com aquilo que nos diminui. Talvez não sejamos bobos… mas enquanto ironizamos, todos esses minutos, essas horas nos são roubados. Enquanto ironizamos, não estamos admirando. A admiração é sempre em primeiro grau.

"Torna-te o que tu és": é preciso fazê-lo antes de morrer. Nosso tempo é contado. E, em vez de admirarmos seres cujo exemplo nos eleva, nos dá vontade de acreditar em nós mesmos, marchamos para a morte prestando atenção a não acontecimentos e enriquecendo aqueles que escreveram o roteiro. A ironia que domina atualmente põe tudo no mesmo plano e nos impede de admirar. Ela nivela, ao passo que a admiração, ao contrário, distingue. Há algo de mórbido nesse triunfo da ironia, nessa falta de entusiasmo.

"Deem-me trabalho, cansaço, dor e entusiasmo!", exclama Consuelo em *La Comtesse de Rudolstadt,* a obra-prima de George

Sand: a pequena boêmia se tornará cantora apenas pela força de sua voz, de sua coragem, de sua admiração pelo maestro Porpora. Nenhuma ironia em Consuelo: ela tem entusiasmo demais para isso.

9 Mantenha-se fiel ao seu desejo
O antídoto à crise de confiança

> *A única coisa de que se pode ser culpado
> é de abrir mão do próprio desejo.*
>
> LACAN

Hoje temos possibilidades infinitas de nos comparar com os outros. Isso é o pior veneno para a confiança em si. No Facebook ou no Instagram, haverá sempre, pelo menos em aparência, pessoas mais bonitas que nós, mais ricas que nós, mais engajadas que nós, mais conectadas que nós — vidas mais belas que a nossa… Nossos pais não tinham esse problema: eles não podiam fazer mal a si mesmos tão facilmente. Não podiam assistir, do fundo do sofá, ao desfile de imagens da felicidade e do sucesso dos outros. Só se comparavam aos seus próximos: os desconhecidos continuavam desconhecidos, os conhecidos, distantes demais, e os astros, inacessíveis. A comparação só era possível no seu entorno, entre indivíduos muitas vezes pertencentes ao mesmo mundo. Hoje tudo é diferente. As pessoas tomam como referência gente de todos os meios sociais, de um lado a outro do país ou do mundo: é uma fonte inesgotável de frustrações. E o pior é que tomamos como base elementos no mais das vezes encenados e, pois, potencialmente mentirosos: é a certeza de sermos todos perdedores o tempo todo. A comparação nos diz que não somos bons, sem indicar como poderemos nos tornar melhores; ela nos fere sem nos instruir.

Com efeito, nas redes sociais, não comparamos duas realidades segundo critérios definidos e objetivos. Nós comparamos nossa realidade — que conhecemos e que não reduzimos àquela que exibimos — à que os outros mostram deles. Por mais que saibamos que as imagens da vida dos outros publicadas no Instagram ou no Facebook são editadas, retocadas, selecionadas, nem por isso deixam de ser "reais", e não podemos nos impedir de compará-las com nossa vida verdadeira. É quase sempre uma agressão, uma fonte difusa, mas certa, de ferimentos narcísicos. Por mais que tenhamos ouvido falar dessas *it girls* que deixam sem fôlego seus milhares de seguidores com o diário de sua vida de sonho — cujo cotidiano é, na verdade, pouco invejável e leva algumas delas a tentarem se matar —, não podemos nos impedir de dar crédito ao que vemos. O mesmo acontece com as fotos das modelos nas revistas: saber que elas são retocadas em nada impede a comparação com nossos corpos imperfeitos. Somos bombardeados por imagens que nos dizem, mais ou menos implicitamente, que viajamos menos, ganhamos menos dinheiro, frequentamos lugares menos bonitos ou estamos na companhia de pessoas menos interessantes, temos uma vida menos realizada que os outros, os "amigos", esses *followers* que conhecemos de perto ou de muito longe. São apenas imagens, claro, mas nós as vemos todos os dias, elas contêm uma parte de verdade, e basta um momento de cansaço, de dificuldade passageira para que elas nos joguem para baixo.

Esse veneno é ainda mais nocivo porque pode vir reavivar mágoas de infância que estão na origem de nossa falta de confiança: a impressão de ser menos estimado pelos pais que um dos irmãos ou irmãs, de ter sido rejeitado por um namorado ou namorada, que preferiu outra pessoa, a vergonha de ter ficado entre os últimos da classe… A escola francesa é uma escola de classificações e de níveis — com os exercícios abertos diante de todo mundo — que sabe destilar o veneno da comparação desde a mais tenra idade. Ela incute nas crianças a ideia de que seu valor se mede não em relação a elas mesmas, mas em relação aos outros, como se a satisfação se encontrasse antes em suplantar os outros que no próprio aperfeiçoamento. De todas as cenas da infância, a comparação terá sido a que mais nos fez sofrer.

O simples fato de nos compararmos nos desvia da verdade de nossa existência: somos todos singulares. Nosso valor é absoluto. Somos, cada um de nós, únicos a ser o que somos: somos todos diamantes solitários. Podemos comparar algumas de nossas realizações sociais, mas o brilho singular de um diamante solitário não se compara, por definição, a nenhum outro. Avaliar a dimensão de nossa singularidade é tomar distância da própria ideia da comparação. No fundo, não se podem comparar senão coisas semelhantes: nenhuma singularidade se assemelha a outra. Em outras palavras, nenhuma comparação entre dois indivíduos é válida.

"Nós só nos exprimimos parcialmente, e temos vergonha da ideia divina de que cada um de nós constitui uma expressão", escreve Emerson. Para ele, assumir a própria singularidade é fazer viver e frutificar a parte divina presente em nós de maneira íntegra, que só se assemelha a si mesma. A comparação com os outros se torna, então, duplamente absurda: a mesma centelha divina incide em todos nós, e todos a fazemos viver de modo singular.

Nietzsche, embora irredutivelmente ateu, reconhece ter-se inspirado em Emerson para desenvolver sua filosofia da singularidade, em que ele distingue dois tipos de indivíduos. De um lado, há os que vivem uma existência diminuída, que se sentem culpados por existir, são escravos da moral dominante ou da norma. Estes se comparam o tempo todo aos outros: querem saber quem obedece mais, quem é o mais conforme. Sua doença da comparação é a outra face de uma paixão pela norma.

De outro, há aqueles que ousam viver verdadeiramente, que ousam afirmar sua singularidade, exprimir seus desejos mais fortes. Esses não veem interesse em se comparar aos outros: é sempre a eles mesmos que se comparam. Ao que eles eram ontem, há uma semana, um mês. Um ano. Terão progredido? Eles se traíram ou, ao contrário, se aproximaram de sua estrela singular? Teriam ficado um pouco mais próximos do que são? Essa é a única questão que importa. Basta-lhes, pois, constatar um avanço, mesmo ínfimo, para aumentarem a confiança em si. Uma confiança que a comparação com os outros dificilmente pode inspirar.

O super-homem de que fala Nietzsche, e que muitas vezes foi mal compreendido, não se define nunca em relação aos outros, mas em relação a si mesmo. Ele quer se aproximar de si, e não suplantar os outros. Distende a mola de seu ser. Vive intensamente, apaixona-se por tudo o que pode aumentar seu elã vital. Ele não concebe o aumento de sua força pela diminuição da força dos outros. Só compara instantes, graus de intensidade em sua capacidade de dizer sim à vida, à *sua* vida. Quanto mais forte é o sim, mais ele existe, mais ele exulta. Nietzsche insiste: o super-homem é uma possibilidade em cada um de nós. Nós o sentimos quando nos apaixonamos por uma arte ou uma prática, quando refinamos nosso talento, quando temos a impressão de ter encontrado um caminho de vida que nos é conforme. A alegria que sentimos desenvolvendo nossas capacidades afasta qualquer ideia de comparação.

A alegria é "a passagem de uma perfeição menor a uma perfeição maior", escreve Espinosa. Nós vivemos isso todos os dias e o observamos nas crianças: quando nos tornamos plenos desse tipo de "crescimento", ficamos vacinados contra o vírus da inveja e protegidos do ressentimento. O presente de nossa paixão nos solicita por inteiro. A tristeza, ao contrário, é sempre, segundo Espinosa, "a passagem de uma perfeição maior a uma perfeição menor": é nessa diminuição de nossa força que se engolfa a tentação da comparação.

Para resistir a essa tentação, poupar-se dos estragos causados pela inveja e pelo ciúme, é preciso conhecer-se bem.

Se eu sei a que aspiro, onde estou e para onde vou, não vou me comparar a outros que aspiram a outra coisa ou me sentir em competição com todos aqueles que não partem do mesmo lugar que eu e têm objetivos diferentes dos meus.

Inversamente, se não sei bem quem sou, se não sei qual é o meu desejo, todos os desejos dos outros se tornam os meus. Corro então o risco de perder o pé no aumento desmesurado do campo da competição, e de me ver roído pela inveja.

Se me conheço o bastante para saber que meu desejo profundo é seguir a profissão que é a minha, intelectualmente satisfatória, mal remunerada, mas que me propicia uma boa qualidade de vida, por que teria inveja de uma pessoa que ganha muito mais que eu? Se meu desejo é aprofundar minha relação com aquele ou aquela a quem amo, por que sentiria inveja do constante borboletear amoroso de um amigo? Naturalmente que vou continuar me comparando aos outros. Não poderia ser de outra forma, tratando-se de animais sociais que somos. Mas essa comparação, desde que sou fiel ao meu desejo, não será dolorosa: ela não atingirá meu desejo; ela não me atingirá de fato.

"A única coisa de que se pode ser culpado [...] é de abrir mão do próprio desejo", diz Jacques Lacan em seu seminário *A ética da psicanálise*. "Não abrir mão do nosso desejo", ser-lhe fiel, é manter-nos em nosso eixo, fiéis não à nossa "essência" nem à nossa "identidade", mas à nossa busca, a uma maneira de ser e de viver que nos corresponde, em grande parte derivada de nossa história, que o psicanalista chama, de forma um tanto enigmática, de "nosso caso". Quando somos infiéis a esse desejo, sentimo-nos "culpados": "apartados" de nós mesmos, do que importa verdadeiramente para nós. Separados, assim, de nossa verdade, flutuando, ficamos muito mais inclinados a nos comparar com os outros ou a invejá-los. Nessas condições, como ter confiança em nós mesmos?

Não existe verdadeira autoconfiança sem fidelidade a si mesmo, sem coerência interior, sem a profunda alegria que acompanha essa coerência. A fidelidade ao próprio desejo é o antídoto contra o veneno da comparação.

Muitas depressões da "meia-idade" decorrem de uma infidelidade ao próprio desejo. Homens ou mulheres se encontram no divã, sem ao menos compreender o próprio mal-estar. Sem razão "objetiva". Eles não sofreram o luto nem o divórcio. Não têm dificuldades profissionais. Alguns até são muito bem-sucedidos. Têm um sucesso após o outro. Mas abriram mão do essencial: seu desejo. Em outras palavras, são infiéis a si mesmos. A depressão tem por fim ajudá-los a ouvir o que queriam calar. Ajudá-los a parar de *querer* para dar lugar a seu desejo. A sair do conforto do reconhecimento para reaprender a se conhecer.

A retomar a confiança em si, encontrando o caminho de sua verdade, de sua busca.

Ulisses fez uma longa viagem, mas permaneceu fiel a si mesmo, e é por isso que é feliz. Algumas vezes, ele se deixou tentar, mas essas tentações, no final das contas, não o desviaram de seu caminho. Entre os heróis gregos, ele encarna aquele que sabe. É por isso que pede aos companheiros que o amarrem ao mastro. Ele sabe que pode se deixar seduzir pelo encanto das sereias. O herói também é isso: um homem que se conhece, consciente de suas forças e de suas fraquezas. Ele se sabe curioso, explorador da alma. Mais que tudo, porém, ele quer reencontrar sua esposa, seu filho, sua cidade. O caminho de Troia a Ítaca é longo: cada ilha onde se faz escala é um mundo novo, habitado às vezes por ninfas, às vezes por monstros astuciosos. Ele poderia extraviar-se, tomar-se por mais do que era e aceitar, por exemplo, a imortalidade que Calipso lhe oferece. Se ele não soubesse a que aspirava profundamente, poderia comparar sua existência de mortal à vida imortal que lhe foi proposta e começar a invejá-la. Ele poderia também tremer diante dos perigos, temer não se mostrar capaz de superá-los. Mas alguma coisa o tranquiliza e, ao mesmo tempo, o sustenta: ele sabe quem é, ele conhece seu desejo. Podemos nos inspirar na sabedoria de Ulisses: ele tem confiança em si porque tem confiança em seu desejo. Ele se conhece bastante para identificar, em meio a todas aquelas estrelas que são outras tantas tentações, a que brilha mais que as outras, a que brilha para ele.

10 Confie no mistério
A confiança na vida

> *Quem viu uma criancinha entregar-se ao riso,*
> *viu tudo desta vida.*
> CHRISTIAN BOBIN

A confiança na vida é evidente e, ao mesmo tempo, difícil de definir. Nós já a encontramos diversas vezes quando de nossa reflexão, mas sem definir verdadeiramente sua natureza. Confiar na vida é apostar no futuro, acreditar no poder criador da ação, apreciar o incerto em lugar de temê-lo... É talvez tudo isso simultaneamente, mas é também mais que isso.

É acreditar que existe na vida, em toda vida, algo de bom, e talvez até mesmo de complacente. É continuar a amar a vida, mesmo quando ela nos parece dura. É pensar que ela não precisa ser perfeita para ser digna de ser vivida. Digamos simplesmente: ter confiança na vida é pensar que ela é uma coisa muito boa. Que, no fundo, há no mundo, apesar do escândalo que às vezes ele encerra, algo como uma ternura, uma luz que todos já entrevimos e que não podemos esquecer. Não temos necessariamente de saber de onde ela vem. Nem sempre sabemos em que temos confiança quando temos confiança na vida. Nós confiamos, apenas isso. É uma confiança sem objeto, uma confiança pura.

Nas provações que haveremos de passar, ante as dificuldades que irão surgir, no fundo das noites mais sombrias, poderemos nos aquecer com a lembrança dessa chama. Confiar na vida é confiar nessa luz, mesmo quando ela enfraquece. Podemos lhe ter confiança pois, enquanto tivermos vida, ela jamais se apagará. Confiando nela, não nos deixaremos abater ante a mínima desilusão, não perderemos o gosto pela vida quando ela nos decepcionar. Confiando nela, teremos uma relação mais criativa com a nossa competência, sentir-nos-emos mais dispostos a sair de nossa zona de conforto e ir ao encontro dos outros.

Se a confiança em si deriva da competência, se ela se constrói na nossa relação com os outros, ela encontra nessa confiança na vida seu pressuposto, o solo que lhe fornece alimento.

Os sábios gregos, estoicos e epicuristas, não entendiam a vida como viriam a entender, mais tarde, Jesus e os cristãos. Ela tampouco terá o mesmo sentido para um filósofo vitalista como Bergson ou para uma mística como Etty Hillesum. Ela terá um sentido também diferente para filósofos como Husserl ou Merleau-Ponty, para os quais viver é, antes de tudo, estar no mundo. Em função de nossa sensibilidade, tenderemos a nos aproximar de uns ou de outros. Mas todos falarão de uma confiança na vida. Todos nos dizem que ter confiança em si decorre, de um modo ou de outro, de ter confiança na vida.

Segundo os estoicos, a vida é uma coisa boa porque é atravessada por uma energia cósmica. O cosmos é um mundo fechado, racional e divino, no coração do qual evoluímos. Façamos o que fizermos, não poderemos travar a marcha do destino. Se inscrevermos nossa ação em seu sentido, o destino impulsionará e potencializará seus efeitos, terminando por nos conduzir à vitória. Se, ao contrário, nossa ação se opuser às forças do destino, descobriremos as forças que regem o mundo e a nossa derrota. Como se vê, para os estoicos o cosmos é, afinal de contas, muito benevolente conosco: ora ele nos sustém, ora nos instrui. Nessas condições, como não confiar na vida? Vivemos em um cosmos harmonioso, e cada uma de nossas ações nos põe em contato com essa harmonia. Para os estoicos, confiar na vida é confiar no destino.

Também para os epicuristas, a vida é intrinsecamente boa, mas por uma razão oposta à dos estoicos. Segundo Epicuro ou Lucrécio, que são físicos e filósofos, tudo o que acontece é contingente: o real é constituído de átomos que se encontram ao acaso. Tudo o que existe podia muito bem não existir: nosso corpo, a água que bebemos, a beleza do mundo… O ser não tem nenhuma razão de ser! O simples fato de se constituir de átomos é, por si só, um milagre que merece reconhecimento. A esse milagre da existência das coisas se soma minha existência individual: também eu poderia não existir, e, no entanto, existo! Ter confiança na vida, para os epicuristas, é ter confiança no acaso, na abertura infinita do campo dos possíveis. Os átomos podem se arranjar e rearranjar indefinidamente para, enfim, compor as coisas e os corpos. Como não acreditar na vida quando ela me deu a chance de ser quando nada me predispunha a sair do nada? E que bela maneira de relativizar! Nós nos preocupamos menos com nosso possível fracasso quando nos capacitamos do triunfo que é o simples fato de viver. Além disso, as partículas elementares que nos constituem são eternas. Nós morremos enquanto indivíduos, mas essas partículas integrarão outros corpos: elas nunca deixarão de celebrar as núpcias entre o acaso e a vida. Os astrofísicos contemporâneos confirmam as intuições dos primeiros atomistas: somos feitos de poeira de estrelas, de elétrons ou de nêutrons que provêm do bigue-bangue, sobreviverão a nós e dão uma realidade material ao sentimento de eternidade que, por vezes, experimentamos. A vida que nos habita é tão maior que nós... Ela nasceu há mais de trezentos bilhões de anos e não vai se encerrar conosco.

Também para os cristãos, a vida que pulsa em nós é maior que nós. Ela é uma boa coisa, pois foi Deus que a criou. Tenha confiança, pede Jesus, pois ela já está aqui: não busque o amor no céu, ele está no fundo do seu coração. Essa confiança é melhor que uma esperança: basta crer, e o reino de Deus já está entre nós. É o poder da confiança, que, de resto, tem a mesma raiz latina — *fides* — que a fé.

"Quem viu uma criancinha entregar-se ao riso, viu tudo desta vida", escreve Christian Bobin em *L'Épuisement* [O esgotamento]. Com sua poesia, ele busca fazer-nos sentir a presença do divino nas coisas mais simples: o riso de uma criança, as rugas de um rosto, o voo de uma libélula, o peito de um pintarroxo. Para um místico cristão como Christian Bobin, a breve passagem de Jesus na terra transfigurou o mundo. Depois dele, nada é igual. "Os perfumes das flores são as palavras de um outro mundo", escreve ele em *Les Ruines du ciel* [As ruínas do céu]. Esse outro mundo é o reino de Deus, que, na verdade, é o nosso, mas que não sabemos ver. A poesia pretende nos tornar novamente sensíveis a esse mundo tão complacente, porque ele traz a marca de um amor primeiro. Como não ter confiança, quando as coisas mais prosaicas trazem a marca da passagem de Jesus? Nessa perspectiva mística, a confiança na vida confina com o abandonar-se — exatamente o contrário de uma mestria. Confiar na vida é abandonar-se ao seu mistério.

"Nós nos encontramos nos braços de uma imensa inteligência, que fez de todos nós depositários de sua verdade e os órgãos de sua atividade. Quando discernimos a justiça, quando discernimos a verdade, não fazemos nada de moto próprio, mas deixamos passar seus raios", escreve Emerson. Assim como Christian Bobin, ele salienta que ter confiança é deixar passar através de nós os raios dessa "imensa inteligência". Quando acreditamos discernir a justiça ou a verdade valendo-nos apenas de nossas faculdades humanas, na verdade deixamos Deus nos iluminar. Emerson chega a afirmar que "nós não fazemos nada sozinhos". Como exprimir melhor que não se pode conceber a confiança em si com base na mestria, que nela sempre há uma forma de abandono? Todos podemos entender isso, mesmo que não acreditemos em Deus.

A vida, segundo Bergson, não é atravessada nem pela energia cósmica, nem pelo amor de Deus, mas pelo "elã vital", uma espécie de criatividade primordial que percorre todo ser vivo, garantindo, ao mesmo tempo, a continuidade das espécies e a evolução dos seres. A vida é boa porque é uma pura força de mudança, de transformação. Essa vida se manifesta no crescimento de uma planta ou na habilidade com que a hera contorna os obstáculos, na astúcia da raposa ou no galope do cavalo, em nossa inteligência prática ou no gênio de nossos maiores artistas. É o mesmo elã vital, mas nós somos formas diferentes. Ter confiança na vida é ter confiança nessa criatividade que pleiteia se exprimir em nós, que usa os obstáculos como pretexto para dar toda a sua medida. "A alegria sempre anuncia que a vida se realizou, que ganhou terreno, que conquistou uma vitória: toda grande alegria tem um toque triunfal", escreve Bergson em *A energia espiritual*. Com efeito, sentimos alegria quando conseguimos sair do automatismo e nos tornamos criativos: nós, então, nos sentimos muito vivos. Essa alegria que se irradia nos diz que não temos confiança apenas em nós, mas no poder criador da própria vida: é esse poder que transborda em nossa alegria.

Essa confiança na vida pode, enfim, assumir o rosto de uma confiança no mundo. Segundo Husserl, não temos escolha senão acreditar neste mundo: ser posto no mundo é ser convidado a lhe ter confiança, sem o que nenhuma vida humana é possível. No dia em que nascemos, fomos *confiados* ao mundo. Confiar na vida é ter, em troca, uma confiança neste mundo. É considerar que a confiança, e não a desconfiança, vem em primeiro lugar. Sem essa confiança, qualificada por Husserl de "originária" ou de "terreno universal", teríamos a sensação de viver em um mundo hostil, estranho: a loucura nos contaminaria. Tal crença originária no mundo não é uma decisão: ela é o pressuposto de todas as nossas decisões futuras, de todas as nossas confianças posteriores e, também, de todas as desconfianças. Como ter confiança em nós mesmos, se não temos essa confiança mínima em um mundo que seja real e onde tenhamos nosso lugar?

Compreendemos melhor por que a contemplação da natureza nos faz tão bem: ela nos lembra de que estamos em nossa casa neste mundo, nosso mundo. Alguns artistas sabem recuperar e exprimir esse sentimento original, e por isso nos tocam. Merleau-Ponty vê em Cézanne um deles, principalmente quando ele pinta as diferentes versões da montanha Sainte-Victoire: sob o pincel do pintor, o filósofo vê o frêmito do mundo no momento em que ele se faz mundo. E essa montanha não nos parece um objeto a distância: ela está colada conosco no mesmo tecido, na própria carne do mundo, na mesma indistinção original entre o mundo e nós. É por essa razão que a preocupação ecológica é tão essencial: cuidar do mundo é cuidar de si. Confiar na vida, para Husserl e Merleau-Ponty, é ter confiança em um mundo que não está apartado de nós, pois somos a mesma carne. O mundo não nos pertence. Nós lhe pertencemos. Por isso é tão natural nos aventurarmos nele.

Os estoicos sempre podem falar do cosmos como de uma racionalidade última. Eles ficam fascinados diante do mistério de sua existência. Por mais que os epicuristas desenvolvam uma abordagem materialista dos átomos, toda a sua filosofia é uma meditação sobre o mistério da contingência e, pois, da vida. De sua parte, os cristãos amam espontaneamente o mistério, e aliás são mais convincentes quando o amam — na versão de Søren Kierkegaard ou de Christian Bobin — do que quando o traem, pretendendo elucidá-lo, reduzindo a fé a uma questão de valores ou de dogmas. O elã vital bergsoniano é igualmente misterioso, visto ser uma força espiritual que dá vida à matéria. Misteriosa é, enfim, essa "carne do mundo" evocada por Merleau-Ponty, da qual ele chega a fazer o próprio objeto da pintura de Cézanne, e que constituiria a verdade primeira do mundo: não há nada por trás, nem deste lado nem do outro lado, tudo está ali, na espessura sensível, oferecida à nossa percepção.

Para todas essas escolas há, pois, um mistério da vida. Conceber a confiança simplesmente como uma mestria seria desviar-se desse mistério, evitar olhá-lo de frente. Nenhuma confiança sólida pode se construir sobre esse comportamento esquivo. A verdadeira confiança nos exige, claro, a mestria, mas também saber nos abandonar àquilo que nos escapa, que é maior que nós e que chamamos, na falta de termo melhor, cosmos, Deus, vida…

Eis a lição paradoxal dessa viagem na história das filosofias da vida: ganhar confiança em si é aprender a abraçar o mistério da vida, é saber acolhê-lo a ponto de se aquecer ao seu contato.

Aqui estamos longe das metáforas habituais, caras aos treinadores menos inspirados. Entre eles, a metáfora dominante se inscreve no campo da informática ou da mecânica: trata-se sempre de "reprogramar-se", encontrar seu "modo de usar", seu "programa", quando não é, simples e grosseiramente, "a combinação do cofre". Quem faz uma pesquisa na internet sobre a confiança em si depara imediatamente com metáforas como essas, desde as "sete técnicas para ganhar confiança em si" até "as três chaves da confiança". Em meio a essas metáforas, apresentam-se métodos de pura autossugestão, na linha direta do método Coué: "Levante-se a cada manhã dizendo a si mesmo que hoje está melhor do que antes", "Olhe-se no espelho ao acordar repetindo que você é genial", "Enuncie em voz alta e clara seus objetivos", etc.

Essas regras são tão tolas quanto más. Tolas: elas constituem insultos à complexidade do espírito humano. E, principalmente, más: elas tendem a nos culpabilizar ainda mais quando sofremos de ansiedade. Se sofro de falta de confiança e me dizem que é muito simples conquistá-la, que, para isso, basta me "reprogramar" em sete dias e motivar-me a cada manhã diante do espelho — o que eu vou sentir em caso de fracasso? Não irei me sentir ainda mais responsável, ainda mais culpado? Perturba-me observar a violência de todas essas recomendações e regras, ver o quanto elas carecem de empatia e sensibilidade.

Nossos hábitos não são como metais retorcidos que, com uma boa motivação, bastaria endireitá-los: não somos máquinas. Nossos raciocínios não são programas defeituosos que precisam ser reconfigurados: não somos computadores. Não vamos nos abrir ao nosso verdadeiro talento por repetir mantras positivos, de pé, diante do espelho, respirando profundamente. Não é pela autossugestão ou automanipulação que vamos nos libertar do que nos estorva.

Não existe "modo de usar" para uma vida humana: é por isso, aliás, que somos livres, capazes de inventar o sentido de nossa existência. E ainda que nossa verdade se encontrasse no fundo de um cofre: mais que uma "combinação" para descobri-la, seriam necessários tempo e atenção, paciência, amor e essa capacidade inestimável de não procurar compreender tudo, de abandonar-se ao mistério da vida.

Um dos motivos de nossa falta de confiança é o fato de a vida ser difícil e incerta. Não é fugindo dela, valendo-nos do fantasma de uma reprogramação neuronal ou da busca de nosso "modo de usar pessoal", que vamos temê-la menos, mas, sim, conseguindo conviver com esse medo e domar aquilo que nos amedronta. A vida se mostra à altura de sua definição quando não corresponde a nossas expectativas — tanto boas quanto ruins. Se ela correspondesse a nossas expectativas, não seria a vida, mas um programa que segue seu curso: não poderíamos, pois, ter confiança nela.

Já falamos dessa transformação de competência em confiança, desse salto com o qual uma simples mestria pode se transformar em verdadeira liberdade, em audácia. Somente a confiança na vida torna esse salto possível.

Eu já tive a confirmação disso, de resto muito inesperada, quando de uma conferência que dei no porta-aviões Charles de Gaulle, na base naval de Toulon. Eu falava a uma dezena de oficiais do capitânia da frota francesa, reunidos em torno de seu comandante, Marc-Antoine de Saint-Germain.

Discorrendo sobre a confiança, sentia-me feliz em partilhar minhas ideias com eles, mas um tanto inquieto. De repente, perguntei-me se a ideia de que confiança em si resulta de uma confiança no mistério da vida não era uma dessas ideias de filósofo que perdem a consistência no embate com os fatos. Explicar àqueles militares que sua confiança devia retirar sua força do mistério da vida me pareceu, então, ousado e mesmo absurdo.

Impressionado com meu auditório, logo me vi na pele de uma criança fazendo perguntas aos seus heróis. Suas respostas me fascinaram. Principalmente as de dois pilotos de caça de Rafales, que me contaram como se fazem as aterrissagens noturnas no porta-aviões, e o papel daquele que eles chamam de OA[3]: o instrutor de pouso. Para aterrissar à noite, o piloto não pode confiar nem em seus instrumentos, nem no que ele enxerga do porta-aviões, isso quando consegue enxergar alguma coisa. Ele só deve confiar nas instruções orais, dadas por rádio, pelo instrutor de pouso, postado no convés. O instrutor guia "com a voz" o piloto, para que ele possa alinhar o avião com o eixo da pista e no plano de descida. O piloto deve, pois, "abandonar-se" às ordens do instrutor de pouso. Caso ele veja alguma coisa, não deve confiar em sua visão, mas ater-se, com uma confiança cega, às instruções de seu companheiro. Portanto, o piloto tem confiança em si não apenas graças ao seu nível máximo de mestria, mas também porque tem uma confiança absoluta em seu instrutor de pouso. Encontramos aqui, intimamente entrelaçados, dois grandes componentes da confiança em si: o componente técnico e o componente racional. Mas há mais. Os dois pilotos, cada um à sua maneira, me explicaram que esses dois componentes não bastam para ter plena confiança em si. "É evidente, é preciso ter fé!", exclamou o primeiro, enquanto eu continuava a questioná-lo sobre as condições em que se davam as orientações de pouso. "Inch'Allah" [Se Deus

---

3. Em francês, a sigla OA corresponde a *l'officier d'appontage*, cuja tradução é "o instrutor de pouso". [N.E.]

quiser], reforçou o segundo, para descrever seu estado de espírito quando a pista se aproxima. Confiança técnica e confiança relacional são uma coisa só: elas têm raízes em fé primordial, nessa confiança na vida tão difícil de definir, mas tão simples de sentir. Essa confiança na vida não é uma confiança em alguma coisa. Ela é A confiança.

E, de um modo ou de outro, todos temos essa confiança primeira. Nós não a nomeamos nem a sentimos da mesma maneira; ela é mais ou menos conforme à infância que tivemos, mas todos a temos. Porque somos viventes.

Para tentar aproximá-la um pouco mais da realidade, observemos essa dimensão mística da confiança em si em sua forma talvez mais pura: naqueles que conheceram o horror e, não obstante, mantêm a confiança na vida, ou nos sábios que decidem dar as costas ao conforto de uma existência normal para que reste da vida somente sua perfeita nudez.

Antoine Leiris perdeu sua mulher no Bataclan, nos atentados de Paris de 23 de novembro de 2015. Alguns dias depois, ele postou no Facebook uma carta aos assassinos de sua mulher, da qual resultaria um livro — *Vous n'aurez pas ma haine* [Não terão o meu ódio]:

> Sexta-feira à noite vocês roubaram a vida de um ser excepcional, o amor de minha vida, a mãe de meu filho, mas vocês não terão o meu ódio. Não sei nem quero saber quem vocês são, vocês são almas mortas. Se esse deus pelo qual vocês matam cegamente nos fez à sua imagem, cada bala no corpo de minha mulher terá sido um ferimento em seu coração. Então eu não lhes darei o presente de odiá-los. Vocês bem que buscaram o meu ódio, mas responder ao ódio com a

cólera seria ceder à mesma ignorância que fez de vocês o que vocês são. Vocês querem que eu tenha medo, que eu olhe meus concidadãos com um olhar de desconfiança, que eu sacrifique minha liberdade pela segurança. Em vão. O jogador continua no jogo [...].
Claro que estou devastado pelo pesar, eu lhes concedo essa pequena vitória, mas ela será de curta duração. Eu sei que ela nos acompanhará a cada dia e que nós nos reencontraremos no paraíso das almas livres, ao qual vocês nunca terão acesso. Nós somos dois, meu filho e eu, mas somos mais fortes que todos os exércitos do mundo. De resto, não tenho mais tempo para vocês, tenho de ir ao encontro de Melvil, que acaba de acordar da sesta. Ele tem apenas dezessete meses de idade, vai tomar o lanche como o faz todos os dias, depois nós vamos brincar como todos os dias, e durante toda a sua vida esse menino lhes fará a afronta de ser feliz e livre. Isso porque vocês não terão sequer o ódio dele.

Essa carta pungente dá testemunho disso: mesmo quando a vida é injusta, quando a estupidez e o ódio fazem seus estragos, ainda podemos ter fé na vida. "Durante toda a sua vida esse menino lhes fará a afronta de ser feliz e livre", escreve magnificamente seu pai. Essa é a afronta que a vida faz àquilo que a ameaça. Naturalmente, a batalha não está ganha. Haverá momentos duros, momentos de dúvida ou de abatimento. Mas esse é precisamente o sentido da confiança. É uma confiança *apesar de tudo.* Confiar na vida não é acreditar que ela é simples e que seu sentido é evidente. Se assim fosse, não haveria como "confiar" nela. Fanáticos descerebrados e drogados assassinaram sua esposa e mais 129 outras pessoas em um banho de sangue no Bataclan: Antoine Leiris sabe que isso também faz parte da vida. Mas quando ele evoca seu filho, que continuará a "fazer seu lanche", a brincar, e que crescerá como um homem livre, fazemos uma ideia do que pode ser, apesar de tudo, a confiança na vida. É quando a vida está ameaçada que devemos nos mostrar ainda mais confiantes. Nós todos vivemos isso depois de 11 de setembro de 2001, desde que entramos nesta nova era do terrorismo. Nossa vida, nosso modo de vida estão sob ataque, e com eles nossa civilização da liberdade. Combatentes lhes declararam guerra. A todo instante, um camicase pode se explodir e levar inocentes consigo. Mais que nunca, ter confiança na vida é uma resposta a esse inquietante estado de guerra em tempos de paz.

Se a confiança na vida pode, paradoxalmente, potencializar-se em momentos trágicos, pode também encontrar sua forma plena em situações de extremo despojamento. Os grandes místicos enxergaram luz na mais profunda escuridão.

Etty Hillesum, uma jovem judia holandesa nascida em 1914, manteve um diário fascinante — *Uma vida interrompida*. No diário, ela conta o que sofreu entre março de 1941 — quando vivia em liberdade em Amsterdã — e setembro de 1943, ao ser deportada para Auschwitz, onde findaria por morrer com seus pais e seu irmão. Jovem culta e de espírito inquieto, que aproveitava a vida e tinha muitos amantes, por vezes mais velhos que ela, fez terapia em 1941 com o psicólogo Julius Spier, discípulo de Jung, que viria a se tornar seu mestre espiritual. É ele quem a convida a buscar o caminho de seu desejo singular. Ele também a inicia na leitura dos Evangelhos, de Santo Agostinho e do mestre Eckhart. Hillesum conta em seu diário ter tido a impressão de nascer verdadeiramente graças a essa relação.

Ela o apresenta também como aquele que a conduziu a Deus. Ela vivencia sua nova fé em pura alegria de viver: quer amar e partilhar, ajudar e abraçar, não sem excessos, como admite com humor: "Às vezes, é difícil viver em harmonia com Deus e com o próprio baixo-ventre." Mas as prisões se intensificam. Os nazistas primeiro enviam os judeus holandeses para o "campo de trânsito" de Westerbork, "a antecâmara do Holocausto", de onde partem regularmente comboios para Auschwitz. Ela escapa dessas detenções, mas vê seus amigos, seu povo, partirem. Não quer mais ficar longe dos seus. Pede, então, para ser transferida para o campo para trabalhar na "assistência social às pessoas em trânsito", organizada pelo Conselho Judaico. A jovem quer ser útil àqueles que sofrem, levar a luz lá onde a noite se torna mais sombria: "Tem-se o desejo de ser um bálsamo sobre todas essas feridas", escreve ela em *Uma vida interrompida*. Em Westerbork, sente-se em casa. Com seus pais, seu irmão, mas também com todos os outros, todos os seus irmãos de deportação. Ela se dedica a uma única tarefa, principalmente no hospital do campo: tornar o cotidiano um pouco mais suportável. Entrega-se a isso com uma compaixão muitas vezes alegre, às vezes com leveza, e também com inventividade. Ela cuida, procura tranquilizar, fala ou se cala, traz comida quando pode, cuida dos bebês que as mães exaustas não conseguem mais carregar no colo… Os sobreviventes viriam a falar dela usando, com frequência, o mesmo adjetivo: *radiante*. Ela compreendeu bem depressa o que os outros não queriam ou não conseguiam ver: os trens que partem de Westerbork se destinam à morte.

Com efeito, Hillesum escreve: "Tenho em mim uma imensa confiança. Não a certeza de ver a vida exterior correr bem para mim, mas a de aceitar a vida e a achar boa, mesmo nos piores momentos." Ler as páginas desses documentos excepcionais, que são suas cartas e seu diário, é observar, dia após dia, uma mulher de 28 anos que mantém a confiança na vida, em Deus e na humanidade, mesmo no coração do horror: "Basta a existência de um único homem digno desse nome para que se possa acreditar no homem, na humanidade", afirma ela em seu diário.

Sua confiança na vida não implica nenhuma cegueira ante a enormidade do mal de que os homens são capazes. Ela diz sim à vida e a aceita em sua totalidade: "A vida e a morte, o sofrimento e a alegria, as bolhas nos pés machucados, o jasmim atrás da casa, as perseguições, as atrocidades sem conta, tudo, tudo está em mim e forma um conjunto poderoso, e eu o aceito como um todo indivisível." Ela escreve em uma carta de 8 de junho de 1943: "O céu está cheio de passarinhos, os tremoços violeta se alastram com uma serenidade principesca, duas velhinhas vieram sentar-se no caixote para bater papo, o sol banha meu rosto, e sob nossos olhos se faz um massacre. É tudo tão incompreensível. Eu estou bem. Afetuosamente, Etty."

Como a jovem diz com tanta justeza, ela "está bem" porque aceita o incompreensível. Nessa situação extrema, mantém a confiança porque deixou de querer compreender tudo. Aceita o mistério de uma vida capaz de conter tanto mal e tanto bem. "Sim, é o extermínio completo, mas pelo menos procuremos sofrê-lo com graça", escreve ela alguns dias antes de partir para Auschwitz.

Temos aqui um exemplo da dimensão mística da confiança, um exemplo de confiança em estado puro: o contrário de mestria, o abandono levado ao seu ponto de incandescência, ao que é maior que nós: "Estamos em casa. Por toda parte onde se estende o céu, estamos em casa. Em todos os lugares desta terra, estamos em casa quando carregamos tudo conosco."

Em todas as culturas, em todas as épocas, sábios renunciaram às satisfações imediatas da existência, ou ao conforto mais elementar, para entrar em contato com a vida mais despojada. Sábios estoicos, monges cristãos, budistas, *śramanas*[4] hindus... Eles não foram arrancados a esse conforto pela violência de determinado acontecimento. Abandonaram voluntariamente o não essencial para experimentar o essencial e, assim, fortalecer sua confiança na vida, sem artifícios nem mediações. No mais completo despojamento, eles tocaram o próprio coração da vida. O gesto de Etty Hillesum, que partiu voluntariamente para o campo de Westerbork, a inscreve nessa tradição.

Seu exemplo tão radical, às vezes dificilmente concebível, pode nos ajudar quando os ventos nos forem contrários ou quando a vida nos fizer sofrer.

Continuar a confiar na vida quando se sofre uma desilusão amorosa ou um golpe no ego é ter em si a sabedoria estoica.

Continuar a dizer consigo mesmo que a vida é uma ventura quando se acaba de sofrer uma derrota é aproximar-se da sabedoria epicurista.

Continuar a amar a vida quando se acaba de sofrer a maldade dos homens ou a injustiça de um sistema é ter em si um pouco de Etty Hillesum.

---

4. *Śramana*, que significa "buscador", refere-se a vários movimentos religiosos indianos. [N.E.]

Desenvolver a capacidade de recuperação ou recursos criativos em contato com a adversidade é entrever a força do elã vital de que fala Bergson.

Sentir, de repente, em plena travessia de uma provação, uma louca alegria irromper novamente, sentir que seria capaz de amar esta vida, mesmo quando ela não nos dá o que esperamos dela, é sentir no fundo de si essa confiança primeira. É aproximar-se da fonte na qual beberam todas as formas de confiança.

Conclusão

Terminei de escrever este livro no dia em que France Gall morreu. As rádios tocavam continuamente "Il jouait du piano debout" [Ele tocava piano de pé].

Ele tocava piano de pé
Quando os medrosos estão de joelhos
E os soldados em posição de sentido
Simplesmente sobre os dois pés
Ele queria ser ele
Vocês entendem

Essa canção, escrita por Michel Berger, é um hino à confiança. Sua letra fala apenas disso. Ganhar confiança em si é tocar piano de pé, tocar de uma maneira que é a nossa, que permite nos libertar, nos exprimir. É avançar "sobre os dois pés": um, em nossa zona de conforto, outro, aventurando-se no mundo exterior. Ganhar confiança é fazer calar o "poltrão" que há em nós, aquele que está de joelhos diante das normas e dos obstáculos, incapaz de se levantar para dizer sim à sua vida. Fazer calar também o "soldado em posição de sentido", aquele que acha mais fácil obedecer às ordens vindas de fora do que ao seu próprio desejo.

Ele tocava piano de pé
Pra vocês talvez só um detalhe

Mas pra mim isso quer dizer muito
Quer dizer que ele era livre
Feliz por estar conosco

A única liberdade verdadeira é sermos plenamente nós mesmos. Todos podemos tocar piano de pé.

Esse convite a se libertar e a se ouvir retoma o gesto inaugural da filosofia.
Sócrates não faz senão convidar seus interlocutores a pensar por si mesmos, ter confiança em si. Ele só sabe que nada sabe... Como libertar eficazmente seus discípulos? Ele não lhes transmite nenhum saber. Ele os liberta de seus complexos, de suas opiniões equivocadas...
Vinte e um séculos depois, Descartes propõe que nos armemos apenas de nosso pensamento para pôr em dúvida tudo o que não é absolutamente certo e reconstruir o edifício do saber sobre bases totalmente novas. Não existe experiência intelectual mais radical. Ele pede que tenhamos confiança absoluta em nossa razão.
Fazendo-lhe eco, Pascal nos convida a voltar as costas às igrejas e aos padres para reencontrar, sozinhos em nosso quarto, no segredo de nosso coração, a verdade de Deus. Nietzsche, ao contrário, explica-nos que, em um mundo sem Deus, devemos sair de nosso quarto, escalar montanhas e inventar, como Zaratustra, o valor de nossa vida. Mas se trata do mesmo convite a confiar em si.

Esse convite também se encontra em Kant, Diderot e D'Alembert, que dirão no Século das Luzes: "Ousa ouvir tua razão. Não vás procurar fora de ti a norma de teu comportamento, pois ela está em ti. Tem confiança em ti. Confia em teu senso crítico. Naturalmente, terás momentos de dúvida. É mais difícil seguir a própria razão que a trilha dos preconceitos. Mas é assim que te libertarás."

A beleza do gesto da filosofia está, creio eu, exatamente aqui: nesse convite à confiança em si. Toda filosofia a canta em sua língua, em seus conceitos, no mais das vezes sem nomeá-la. Mas todas nos convidam a assumir nossa liberdade, a nos mostrar à altura de nossa singularidade, a ter confiança em nossa estrela.

Já faz vinte anos que, todos os dias, ensino filosofia para alunos do ensino médio. Nada me dá mais alegria que vê-los despertar, argumentar e criticar, espantar-se e protestar, ganhar confiança em seu pensamento, em suas intuições e, também, em seu futuro: neles próprios. Eu lhes falo dos filósofos que cantam a confiança, mas, ao mesmo tempo, fazem o elogio da dúvida, de uma espécie de inquietação salutar. Eles compreendem muito bem. Eles compreendem instintivamente o que nos mostram os grandes místicos: se não existisse dúvida, não haveria a necessidade de confiar.

Ter confiança em si não é estar seguro de si. É encontrar a coragem de enfrentar o incerto em lugar de fugir-lhe. Encontrar na dúvida, na contramão dos próprios impulsos, a força de se lançar.

Livros que fizeram este livro

INTRODUÇÃO

Friedrich Nietzsche, *Assim falou Zaratustra* (1883-1885). É nesse texto que se encontra a célebre injunção "torna-te o que tu és", que é um convite magistral à confiança em si, em sua singularidade.

Christian Bobin, *Donne-moi quelque chose qui ne meure pas* (1996). Através dos textos burilados de Christian Bobin, e também das fotografias de Édouard Boubat, descobre-se que a confiança em si é sempre, e ao mesmo tempo, confiança naquilo que nos transcende.

Philip Norman, *John Lennon, a vida* (2010). Essa biografia de um dos maiores pop stars do século XX nos permite mensurar o quanto a confiança é uma conquista, e nunca um dom inato.

Ralph Waldo Emerson, *La Confiance en soi et autres essais* (2000). A única verdadeira obra de um filósofo sobre a confiança em si, de um autor norte-americano do século XIX que muito influenciou Nietzsche. Uma pequena joia literária e, ao mesmo tempo, um elogio da intuição.

Henri Bergson, *A evolução criadora* (1907) e *A energia espiritual* (1919). Clássicos da filosofia do século XX, em que se descobre que a confiança em si pode ser fé na criatividade presente e atuante nos viventes.

Boris Cyrulnik, *Les Vilains petits canards* (2001) e *Os alimentos afetivos: o amor que nos cura* (1993). Nessas obras, o neuropsiquiatra demonstra que nunca é tarde demais para ter ou conquistar autoconfiança, criar ou recriar laços afetivos que nos permitam acreditar em nós, em nossa felicidade.

Jacques Lacan, *Écrits I et II* (1966). Um texto difícil do grande psicanalista francês, mas que permite compreender que se deve pensar a questão da confiança em sua relação com o real, com o imaginário e com o simbólico.

CAPÍTULO I — CULTIVE OS BONS VÍNCULOS

Aristóteles, *Política* (séc. IV a.C.). Um dos livros mais importantes da história da filosofia. Para compreender que o homem é um animal político por ser inacabado: ele busca, pois, construir sua confiança na relação com os outros.

_____, *Ética a Nicômaco* (séc. IV a.C.). Aí se encontra sua bela definição de amizade, que ajuda a pensar sobre a necessidade de mestres. Animais humanos que somos, não adquirimos nossa confiança sozinhos.

Sigmund Freud, *Essais de psychanalyse* (1927) e *Introduction à psychanalyse* (1916-1917). A base teórica fundamental para compreender as teorias do apego e a necessidade de "segurança interior": elas ganham todo o seu sentido a partir da noção de "angústia infantil" desenvolvida por Freud.

Jacques Lacan, "Le Stade du miroir", em *Écrits I* (1966). Um texto muito curto, mas denso e fundamental, de força extraordinária, que se deve ler e reler para ter uma ideia de como toda confiança se busca no olhar do outro. Impossível, pois, que ela seja simplesmente confiança "em si".

François Truffaut, *O garoto selvagem* (1970). Um clássico do cinema, que põe em cena o impossível devir humano de uma criança privada de suas relações com outros seres humanos.

Immanuel Kant, *Reflexões sobre a educação* (1776). Nessa obra, o grande filósofo alemão do fim do século XVIII explica que uma boa educação se mede pela autonomia conquistada. Ser bem-educado é não ter mais necessidade daqueles que nos educaram. A confiança em si se torna, então, confiança na própria capacidade de discernimento, em razão de sua autonomia.

John Bowlby, *Amour et rupture* (1956-1976) e *Apego e perda* (1969). Esse psiquiatra e psicanalista britânico publicou trabalhos decisivos sobre as teorias do apego e a necessidade de "segurança interior", às quais se reporta principalmente Boris Cyrulnik.

Catherine Destivelle e Érik Decamp, *Annapurna, duo pour un 8000* (1994). Nesse testemunho, esses dois alpinistas mostram que a confiança em si é indissociável da confiança no outro. É a bela metáfora da cordada.

Maria Montessori, *L'Enfant* (1936) e *L'Esprit absorbant de l'enfant* (1949). Para compreender o método Montessori, convém ir à fonte, as obras em que a pedagoga italiana defende um método de ensino baseado na confiança depositada na criança, na benevolência, na educação para a criatividade e para a liberdade.

Anne Dufourmantelle, *Puissance de la douceur* (2013). Na escrita delicada dessa psicanalista francesa, descobre-se que nunca há de fato falta de confiança "em si": ela deriva sempre, em primeiro lugar, de falta de confiança no outro.

Isabelle Filliozat, *Faites-toi confiance* (2005). Justifica-se a leitura dada a pertinência do olhar dessa psicóloga contemporânea e a riqueza de todos os casos saídos de sua prática clínica ao longo de várias décadas.

CAPÍTULO 2 — EXERCITE-SE

Malcolm Gladwell, *Fora de série: Outliers* (2008). Nesse livro muito instrutivo, malgrado o título ridículo em francês, *Tous winners!* [Todos vencedores!], esse jornalista da *New Yorker* conduz uma pesquisa apaixonante sobre a maneira pela qual uma competência pode se metamorfosear em confiança.

Edmund Husserl, *Meditações cartesianas* (1931). Nessa introdução à fenomenologia, de um dos maiores filósofos do século XX, pode-se ler que "toda consciência é consciência de alguma coisa". Também a confiança é, a princípio, uma confiança em si no ato de realizar alguma coisa.

Heráclito, *Fragmentos* (séc. VI a.C.). "Nunca nos banhamos duas vezes no mesmo rio", lê-se nessa obra do filósofo pré-socrático. Portanto, a confiança não pode ser uma simples mestria: ela deve nos dar a força para aceitar o imprevisto.

Friedrich Nietzsche, *Assim falou Zaratustra* (1883). Voltamos a indicar essa obra, principalmente por causa desse grotesco personagem do Consciencioso, encarnação perfeita do enclausuramento mortífero em uma competência.

_____, *Segunda consideração intempestiva* (1874). Para descobrir como a relação com o saber pode nos libertar, nos dar confiança, sem nos enclausurar.

_____, *A gaia ciência* (1882). Para maior aproximação à filosofia salutar do "grande sim à vida".

Jean-Pierre Vernant, *As origens do pensamento grego* (1962). Principalmente pela maneira com que o maior dos helenistas aborda a figura de Hefaísto: é trabalhando o ferro que nos tornamos ferreiros…

Emmanuel Delessert, *Oser faire confiance* (2015). Um jovem filósofo francês demonstra que a confiança em si não é uma simples questão de sentir-se seguro.

CAPÍTULO 3 — OUÇA A PRÓPRIA VOZ

Immanuel Kant, *Crítica da faculdade de julgar* (1790). Nessa terceira crítica magistral — posterior à *Crítica da razão pura* (1781) e da *Crítica da razão prática* (1788) —, o filósofo alemão define o sentimento do belo como um "jogo livre e harmonioso das faculdades humanas". A experiência estética é um momento de presença a si. Não existe verdadeira confiança em si sem a capacidade de se ouvir.

_____, *O que é o Iluminismo?* (1784). É a capacidade de "ousar servir-se do próprio entendimento", explica Kant nesse texto curto. Confiar em si é confiar na própria razão.

Ralph Waldo Emerson, *La Confiance en soi et autres essais* (1841). Entre esses ensaios encontra-se também *A confiança em si* e *Natureza*. Ouvir-se é aprender a ouvir a própria intuição, "essa luz que, do interior, atravessa nosso espírito como um relâmpago".

Antoine de Saint-Exupéry, *O pequeno príncipe* (1943). Obra em que se pode descobrir, enunciada pela raposa, uma belíssima argumentação em favor dos ritos ou dos rituais. Sem eles, como conseguiríamos nos ouvir?

Henri Bergson, *O pensamento e o movente* (1934). Essa coletânea de textos constitui a melhor introdução possível à filosofia de Bergson. Um desses textos fala sobre a intuição.

Friedrich Nietzsche, *Fragmentos póstumos* (1901). Ele evoca sua admiração pelo autor de *A confiança em si:* "Emerson. Nunca outro livro me deu tal sensação de estar em casa, em minha própria morada — não posso fazer-lhe o elogio, ele me é próximo demais."

Fabrice Midal. *Comprendre l'art moderne* (2010). Esse filósofo e professor de meditação nos mostra, com precisão, valendo-se de exemplos de obras, que aprender a olhar as obras do século XX é aprender a se ouvir.

CAPÍTULO 4 — MARAVILHE-SE

Charles Baudelaire, *Curiosités esthétiques* (1868). É nessa obra que o poeta justifica a afirmação de que "o belo é sempre bizarro". Estranho, com efeito, é esse poder que a beleza nos dá: ela nos autoriza, enfim, a nos ouvir, a ter confiança em nós mesmos.

Immanuel Kant, *Crítica da faculdade de julgar* (1790). Encontra-se no capítulo esse texto que é um clássico da filosofia, pois ele trata da maneira — também nesse caso "estranha" — pela qual a harmonia da natureza exterior consegue criar harmonia no interior de nossa subjetividade, a cessação do conflito interior e plena confiança na própria capacidade de julgar livremente.

Henry David Thoreau, *Walden ou a vida nos bosques* (1854). Nessa obra-prima, H. D. Thoreau, que é amigo de Emerson, conta de sua estada em uma cabana, à beira de um lago de Massachusetts, e faz uma reflexão profunda sobre o laço que une o homem à natureza. Lendo-a, compreende-se por que um passeio na natureza pode nos permitir recuperar a confiança perdida.

Jean-Paul Janssen, *Une Vie au bout des doigts* (1982). Esse documentário sublime sobre o alpinista Patrick Edlinger apresenta uma perfeita ilustração dos efeitos da beleza da natureza sobre a confiança em si.

Marco Aurélio. *Meditações ou Pensamentos para mim mesmo* (séc. II d.C.). Nessa obra, o filósofo e imperador estoico evoca a energia cósmica em ação no equilíbrio do mundo. Como não ter confiança quando se vive em meio a tal harmonia?

Victor Hugo. *Les Chansons des rues et des bois* (1865). No poema "La Nature est pleine d'amour", a natureza parece rica de uma vida a nos sustentar e nos dar confiança.

Henri Bergson, *A evolução criadora* (1907). É nessa obra que Bergson desenvolve sua filosofia do "elã vital", uma espontaneidade criadora que explica a evolução dos seres vivos e nos permeia quando somos inventivos, livres e confiantes.

François Cheng, *Cinco meditações sobre a beleza* (2017). Uma reflexão sensível sobre os poderes da beleza: "A beleza é algo virtualmente presente desde sempre, um desejo que irrompe do interior dos seres, ou do Ser, como uma fonte inesgotável […]."

François Jullien, *Cette étrange idée du beau* (2010). Esse filósofo e sinólogo mostra como a beleza pode nos tornar mais presentes no mundo: "O belo está aí, como um bloco errático em pleno desencanto do mundo, como algo remanescente do tempo dos deuses."

Charles Pépin, *Quand la beauté nous sauve*. Publiquei em 2013 esse ensaio ao qual poderia ter dado o título "Quando a beleza nos salva da crise de confiança"… O capítulo 4 do presente livro dá continuidade a essas reflexões.

CAPÍTULO 5 — DECIDA

Sêneca, *Cartas a Lucílio* (séc. I d.C.). Nessa obra-prima do grande filósofo estoico, que reúne 124 cartas, encontramos todos os grandes temas da sabedoria estoica, entre os quais uma verdadeira apologia da decisão: "A toda hora, acontecem acidentes que exigem que se tome uma decisão, e é a ela que devemos recorrer." "A ela" quer dizer à filosofia. Adquirir confiança em si é aprender a decidir.

Blaise Pascal, *Pensamentos* (1670). "Deus não se prova, se sente", escreve o apologista do cristianismo. A leitura dessa obra nos faz compreender bem quanto a confiança em si pode ser, ao mesmo tempo, confiança em algo que vai além do eu.

Søren Kierkegaard, *Diário de um sedutor* (1843), *Temor e tremor* (1843), *Postscriptum às migalhas filosóficas* (1846). Em todas essas obras maiores do filósofo existencialista dinamarquês, a fé aparece como um "salto" para além da razão, uma pura decisão, e não uma escolha racional. É preciso ter plena confiança em si para ousar decidir na incerteza: confiar em si na dúvida.

Jean-Paul Sartre, *O existencialismo é um humanismo* (1946). Conferência curta em que o autor mostra o laço entre a fé na liberdade e a capacidade de decidir. A confiança em si, para um existencialista, é, em primeiro lugar, confiança em sua liberdade.

_____, *O ser e o nada* (1943). Um texto longo e difícil em que se demonstra que a angústia diante da ação não é senão "a assunção reflexiva da liberdade por ela mesma", ou seja, um indicativo de nossa liberdade. A decisão de agir nos permite sair dessa angústia e ter a dimensão de nossa liberdade efetiva.

CAPÍTULO 6 — PONHA A MÃO NA MASSA

Matthew B. Crawford, *Éloge du carburateur* (2009). Um livro espantoso, que mescla teoria e trajetória de vida, escrito por um graduado em filosofia que conta como encontrou a confiança tornando-se... mecânico de motos.

Aristóteles, *Ética a Nicômaco* (séc. IV a.C.). Segundo Aristóteles, cada um de nós deveria ter um trabalho que permitisse alcançar a própria perfeição e, assim, ganhar confiança em si.

_____, *Parties des animaux* (séc. IV a.C.). É nessa obra que Aristóteles vê a mão como uma extensão da inteligência humana. Se não fizermos nada com as mãos, corremos o risco de nos privar de uma parte de nós mesmos.

Karl Marx, *Manuscritos econômicos e filosóficos de 1844* (1932). Marx critica o trabalho em uma economia capitalista, mas não pura e simplesmente o trabalho. Encontram-se em suas obras belíssimas páginas sobre as condições ideais de um trabalho que não seria nem exploração, nem alienação, mas uma instância de realização do eu, de um desenvolvimento da personalidade: em suma, de verdadeira confiança em si.

Georg Wilhelm Friedrich Hegel, *Fenomenologia do espírito* (1807). Em sua "dialética do senhor e do escravo", Hegel mostra principalmente o quanto precisamos de reconhecimento e de um contato verdadeiro com as coisas para ganhar confiança em nós e em nosso valor, e construir nossa felicidade.

Henri Bergson, *A evolução criadora* (1907). Nessa obra, Bergson define o homem antes como *Homo faber* que como *Homo sapiens*: "A inteligência, vista no que parece ser seu procedimento original, é a faculdade de fabricar objetos artificiais, especialmente instrumentos para fabricar instrumentos, e variar indefinidamente sua fabricação." Se nossa natureza profunda é ser um *Homo faber*, compreendemos bem o quanto a crise de confiança pode nos engolfar quando não "fazemos" nada: é preciso então recuperar o "fazer" para recuperar a confiança.

Michel Serres, *Pantopie, de Hermès à Petite Poncette, entretiens avec Martin Legros et Sven Ortoli* (2014). Livro em que se aborda principalmente o desaparecimento do mundo campestre e de tudo o que esse desaparecimento leva consigo.

Georges Charpak (direção de), *La Main à la pâte, les sciences à l'école primaire* (2011). Nesse livro, o Prêmio Nobel de Física mostra como experiências engenhosas e concretas (descobrir a temperatura de ebulição da água, apreender o princípio da flutuação, ver o ar que respiramos, fabricar uma ampulheta...) permitem às crianças não apenas se familiarizar com as ciências, mas também, e sobretudo, desenvolver sua personalidade e ganhar confiança em si mesmas.

CAPÍTULO 7 — PASSE À AÇÃO

Alain, *Propos sur le bonheur* (1925). Obra na qual se encontra uma verdadeira filosofia da ação: a ação não fica em um plano secundário em relação ao pensamento, mas tem seu próprio valor, sua verdade.

Georg Wilhelm Friedrich Hegel, *Fenomenologia do espírito* (1807). Mesmo o espírito precisa agir para saber o que é, até mesmo Deus deve passar à ação para ter certeza de seu valor... O mesmo acontece com os indivíduos que somos: não devemos esperar ter plena confiança em nós mesmos para agir, mas agir para ganhar confiança.

Marco Aurélio, *Meditações ou Pensamentos para mim mesmo* (séc. II d.C.). Aqui se afirma que a admissão da existência de destino em nada impede uma apologia da ação. Agir não é achar que tudo depende de nós. É agir sobre o que depende de nós, sabendo também aceitar o que não depende. A confiança em si não é arrogância. É, ao mesmo tempo, humildade e confiança expandida. Humildade porque nem tudo depende de nós. Confiança expandida porque, agindo, depositamos confiança também naquilo que não depende de nós, mas que pode se pôr em movimento devido à nossa ação.

Jean-Paul Sartre, *A transcendência do ego* (1936). O valor do Eu não está nele, mas fora dele, no mundo que ele conquista agindo, nas relações com os outros que essa ação lhe permite criar. É preciso sair de si mesmo e de sua casa para ganhar confiança em si.

CAPÍTULO 8 — ADMIRE

Sigmund Freud, *O mal-estar na civilização* (1930). Nesse texto curto e magistral, Freud mostra que o que é bom para a sociedade (a norma) não é o que é bom para o indivíduo (expressão de sua singularidade). Daí o "mal-estar". Como, então, ganhar confiança na própria singularidade em uma sociedade da norma? A essa pergunta, podemos responder como Nietzsche: admirando as singularidades que ousaram se tornar elas mesmas, apesar do peso da norma.

Michel Crépu, *L'Admiration contre l'idolatrie* (2017). A idolatria apequena o idólatra, ao passo que a admiração eleva o admirador. Um ensaio contemporâneo de autoria de um crítico literário erudito.

CAPÍTULO 9 — MANTENHA-SE FIEL AO SEU DESEJO

Baruch Espinosa, *A ética* (1677). Livro em que a alegria é definida como a "passagem de uma perfeição menor a uma perfeição maior", uma alegria em progredir, em se desenvolver, que nos afasta da tentação da comparação, verdadeiro veneno para a confiança em si.

Anthony Storr, *Solidão: a conexão com o eu* (1988). Belíssimo ensaio no qual o psicanalista junguiano defende as virtudes da solidão (não do isolamento) para a construção da própria singularidade, a escuta do próprio desejo, o desenvolvimento da própria imaginação ou criatividade. Somos os únicos a ser o que somos: somos todos diamantes solitários. É preciso tomar consciência disso para ganhar confiança em nós mesmos.

Jacques Lacan, *A ética da psicanálise* (1986). É nesse seminário que Jacques Lacan aprofunda a ideia da fidelidade ao próprio desejo. Todos temos *desejos*. Mas é ao *próprio* desejo que é preciso ser fiel: seu eixo inconsciente, seu negócio, como diz Lacan, sua coerência secreta. Caso contrário, somos apartados de nós mesmos, e esse sentimento de culpa impede a autoconfiança, podendo até nos levar à depressão. A confiança em si é a fidelidade a "si": ao seu desejo ou à sua busca.

Homero, *Odisseia* (séc. VIII a.C.). Uma leitura atenta desse clássico nos mostra que Ulisses encarna o herói que se conhece, fiel a seu desejo, apesar de todas as tentações e sortilégios de sua época. Ulisses tem confiança em si porque sabe qual é seu verdadeiro desejo.

CAPÍTULO 10 — CONFIE NO MISTÉRIO

Lucrécio, *De la Nature des choses* (séc. I a.C.). Esse sublime poema permite que nos aproximemos do mistério da contingência do mundo, o milagre de nossa existência. Ganhar confiança em si é, em primeiro lugar, estar consciente da sorte que tivemos em emergir do nada para vir à existência.

Henri Bergson, *A energia espiritual* (1919). Nesse livro, provavelmente a mais importante obra de Bergson, ele define a vida como elã vital, força espiritual misteriosa no coração da matéria. A confiança em si é confiança nessa criatividade que nos permeia quando a permitimos, principalmente saindo da repetição do hábito.

Edmund Husserl, *Ideias para uma fenomenologia pura e para uma filosofia fenomenológica* (1913). Nessa obra, uma das mais tardias de Husserl, ele desenvolve a bela ideia de uma "confiança originária" no mundo. Nascer é ser confiado ao mundo. E ter em troca uma confiança original nele. A confiança em si repousa nessa confiança originária no mundo.

Maurice Merleau-Ponty, *O visível e o invisível* (1965) e *Fenomenologia da percepção* (1945). Segundo esse fenomenologista francês e Husserl, estamos presos no "tecido" do mundo, em sua "carne". Não há confiança em si sem esse sentimento de habitar o mundo, de sentir-se em casa no mundo.

Christian Bobin, *L'Épuisement* (2015) e *Les Ruines du ciel* (2009). Nesse místico cristão, prosador maravilhado, capaz de ver a beleza nas coisas mais simples do cotidiano, a confiança em si é confiança em uma vida em que cada microparcela é iluminada pela breve passagem de Jesus na terra. A confiança em si é sempre, como em Emerson, confiança naquilo que é maior que o eu.

Pascal Quignard, *Vie secrète* (1997). Nesse belo romance, o poeta, romancista e ensaísta, detentor do prêmio Goncourt de 2002 por *Les Ombres errantes*, escreve: "É do interior de si que vem o fracasso. No mundo exterior não há fracasso.

A natureza, o céu, a noite, a chuva e os ventos não são senão um longo triunfo cego." O triunfo de uma vida tão misteriosa em sua existência como em sua pertinácia. Ganhar confiança em si é manter-se o mais próximo possível desse mistério, desse triunfo.

Antoine Leiris, *Vous n'aurez pas ma haine* (2016). Nesse relato, escrito por um homem que perdeu sua esposa na chacina do Bataclan em 13 de novembro de 2015 e terá de criar seu filho sozinho, a confiança na vida resiste à morte, à injustiça e ao ódio. Às vezes, parece até mesmo responder a eles.

Etty Hillesum, *Uma vida interrompida* (1985). Esse diário, escrito por uma jovem judia holandesa deportada e assassinada em 1943 em Auschwitz, é uma obra-prima que mostra a confiança na vida que persiste até nos campos de concentração. Como estamos vivos, todos temos em nós, de uma maneira ou de outra, essa confiança na vida. A confiança em si haure sua força dessa fonte.

Índice onomástico

A

Agostinho (santo): 131
Alain: 91, 96
Alembert, Jean le Rond, chamado D': 138
Alexandre Magno: 107
Allende, Isabel: 95
Aristóteles: 17, 23, 24, 51, 87, 88
Arquimedes: 31, 38
Ashe, Arthur: 22, 23, 108
Aurélio, Marco: 17, 93, 94

B

Bachelard: 81
Balzac, Honoré de: 73, 101
Baudelaire, Charles: 62
Beatles (Os): 34, 35
Berger, Michel: 137
Bergson, Henri: 14, 59, 68, 89, 120, 123, 125, 135
Bobin, Christian: 13, 119, 122, 123, 125
Bowie, David: 64, 108
Bowlby, John: 20
Brautigan, Richard: 108

C

Camus, Albert: 51
Carver, Raymond: 108
Cézanne, Paul: 124, 125
Chateaubriand, François-René de: 101
Chopin, Frédéric: 102
Coué, (de la Châtaigneraie) Émile: 126
Crawford, Matthew B.: 81, 82, 83, 84, 88
Cyrulnik, Boris: 14, 18, 20

D

Decamp, Érik: 25, 26
Delacroix, Eugène: 107
Delessert, Emmanuel: 46
Descartes, René: 52, 138
Destivelle, Catherine: 25
Diderot, Denis: 138
Djian, Philippe: 108
Dorval, Marie: 104, 107
Dudevant, Baron: 102
Dufourmantelle, Anne: 27, 28
Dupin, Aurore: ver Sand, George
Dupin, Louise: 104

E

Eckhart, mestre: 131
Edison, Thomas: 36
Edlinger, Patrick: 11, 14, 68

Emerson, Waldo Ralph: 14, 49, 55, 50, 65, 66, 67, 80, 82, 85, 113, 123
Epicuro: 121
Ericsson, Anders: 32, 33, 34, 35
Espinosa, Baruch: 51, 115,

F

Federer, Roger: 37
Flaubert, Gustave: 104, 105, 106, 107
Flynn, Christopher: 21
Freud, Sigmund: 18, 56, 97, 106

G

Gall, France: 137
Gandhi: 79
Gaulle, Charles de: 79
Gladwell, Malcolm: 32, 34, 35, 36
Goya, Francisco de: 108
Graf, Steffi: 32

H

Hegel, Georg Wilhelm Friedrich: 51, 52
Heráclito: 41
Hillesum, Etty: 120, 131, 133, 134
Hugo, Victor: 101
Husserl, Edmund: 38, 120, 124

J

James, LeBron: 37
Jesus Cristo: 120, 122
Jung, Carl Gustav: 131

K

Kahlo, Frida: 108
Kant, Immanuel: 52, 58, 63, 138

Kierkegaard, Søren: 76, 77, 125
King, Martin Luther: 79

L

Lacan, Jacques: 14, 18, 109, 111, 1126
Leiris, Antoine: 129, 130
Lempicka, Tamara de: 108
Lennon, John: 14, 35, 64
Leroux, Pierre: 102, 105, 107
Levitin, Daniel: 35
Liszt, Franz:
Luís-Napoleão, príncipe: 107
Lucrécio: 121

M

Madonna (Ciccone, Louise, chamada): 11, 14, 21, 22, 23, 31, 108
Manceau, Alexandre: 102
Manet, Édouard: 108
Marx, Karl: 87
McCartney, Paul: 35
Mérimée, Prosper: 102, 107
Merleau-Ponty, Maurice: 120, 124, 125
Miller, Henry: 108
Montessori, Maria: 25
Mozart, Amadeus Wolfgang: 34, 35, 36, 64
Musset, Alfred de: 101, 102

N

Neruda, Pablo: 95
Nietzsche, Friedrich: 14, 41, 42, 43, 52, 60, 101, 107, 108, 113, 114, 138
Noah, Yannick: 22, 23, 108

P

Pascal, Blaise: 77, 138
Picasso, Pablo:108
Platão: 52
Proust, Marcel: 51

Q

Queuille, Henri: 78

R

Rollins, Sonny: 33
Rothko, Mark: 65, 66
Rousseau, Jean-Jacques: 104

S

Sagan, Françoise: 64
Sainte-Beuve, Charles-Augustin: 101
Saint-Germain, Marc-Antoine de: 127
Sand, George (*nascida* Aurore Dupin): 14, 101, 102, 103, 104, 105, 106, 107, 109
Sandeau, Jules: 102
Sartre, Jean-Paul: 52, 59, 98, 99, 102
Schopenhauer, Arthur: 108
Schubert, Franz: 64
Sêneca: 71, 93
Serres, Michel: 85
Sócrates: 138
Spier, Julius: 131
Staël, Germaine de (chamada Madame de): 101

T

Thoreau, David Henry: 61, 66
Truffaut, François: 19
Tyson, Mike: 108

V

Velázquez, Diego: 108
Verlaine, Paul: 51
Vulcano: 44

W

Wagner, Richard: 108
Weber, Max: 60
Williams, Richard: 31
Williams, Serena: 14, 31, 32, 34, 36, 39, 40, 41, 43
Williams, Venus: 31
Wittgenstein, Ludwig: 74
Woods, Tiger: 37